# Durch die Hölle zu Metatron

## Johannes H. von Hohenstätten

Mein Dank geht an Peter Windsheimer für das Design des Titelbildes. Des Weiteren an Ariane und Michael Sauter.

Für Schäden, die durch falsches Herangehen an die Übungen an Körper, Seele und Geist entstehen könnten, übernehmen Verlag und Autor keine Haftung.

Copyright © 2016 by Christof Uiberreiter Verlag
Waltrop • Germany

Herstellung und Verlag:
BoD – Books on Demand, Norderstedt
ISBN 978-3-7412-2662-5

Alle Rechte, auch die fotomechanische Wiedergabe (einschließlich Fotokopie) oder der Speicherung auf elektronischen Systemen, vorbehalten
All rights reserved

**Vorwort:**

Franz Bardon schreibt in seinem zweiten Werk „Die Praxis der magischen Evokation" (S.54): *„Bei dieser Gelegenheit wäre noch zu erwähnen, dass Dämonen im Allgemeinen mit einer dreizackigen Gabel erscheinen und auch mit einer solchen gemalt werden, was nicht etwa bedeuten soll, dass sie in der sogenannten Hölle Seelen aufspießen und dergleichen tun, was törichterweise angenommen und verbreitet wird, sondern dass sich ihr Einfluss auf die mentale, astrale und grobmaterielle Welt erstreckt."*
Diese Aussage des Meisters deutet offensichtlich auf die falsch verstandene Symbolik hin. Doch eigenartigerweise schreibt er etwas weiter unten im selben Buch (S.74): *„Es ist dies die sogenannte Astralwelt, wo sich in den tieferen Dichtigkeitsgraden die Alltagsmenschen und in den höheren Schichten der Entwicklung gemäß auch Eingeweihte nach dem physischen Tod mit ihrem Astralkörper aufhalten. Je reifer, entwickelter und ethischer ein Magier war, in eine um so feinere Erdzonenschicht gelangt er. Sein Platz in der Astralwelt wird derjenige sein, den er sich hier auf unserer grobstofflichen Ebene im Laufe seines Lebens errungen hat. Himmel und Hölle gibt es in der Astralwelt nicht, dies sind beschränkte religiöse Ansichten und Lehren verschiedener Religionen, die das Leben in der astralen Welt aus purer Unkenntnis als Himmel und Hölle bezeichnen. Wollte man die niederen, gröberen Schichten der Astralwelt als Hölle und die höheren, lichteren als Himmel bezeichnen, könnte ein Teil der Religionsbehauptungen wahr sein. Der Magier, der jedes Symbol und jede Idee symbolisch richtig zu deuten versteht, wird für Himmel, Hölle und Fegefeuer sogleich die untrüglichste Auslegung finden"!*
Genau über dieses Thema, nämlich über die Hölle und das Fegefeuer, die niederen Sphären in unserem Universum, handelt mein vorliegendes Buch. Das ist die tiefste, dunkelste Ebene, die es im gesamten Kosmos gibt. Sie wird von den Theosophen Kamaloka genannt. Dort herrschen der Schrecken, das Leid und die Pein in ihrer reinsten dämonischen Form. Doch nicht nur über diese dunkle Ebene, sondern auch der Aufstieg in lichtere Regionen wird beschrieben. Die gesamte Astralwelt wird erforschend durchwandert, bis zum Ziel jeglicher Entwicklung, welche von den Buddhisten und den Hindus als Nirvana bezeichnet wird und für den Westen mit dem goldenen Palast namens „Shamballa" übersetzt werden kann. Durch diese kleine Schrift soll der Leser noch mehr Motivation erhalten,

den „Weg zum wahren Adepten" zu beschreiben, um reichlich Erkenntnis und Erfahrungen zu erlangen.
Ob mein Bericht der Wahrheit entspricht oder ob er ein Märchen ist, das sei erstmals dahingestellt. Jedoch, und das wird jeder aufmerksame Leser sofort feststellen, entsprechen meine Erlebnisse und Erfahrungen der reinsten Gesetzmäßigkeit, wie sie im Kosmos nur dargestellt werden kann. Nichts wird in diesem Bericht gefunden werden, das nicht harmonisch ist bzw. nicht der Polarität in ihrer gesetzmäßigen Form eines Schachbrettes untergeordnet werden kann. Auf die Farbe Weiß folgt Schwarz und daraufhin wiederum Weiß bis in alle Unendlichkeit. Alles ist im Gleichgewicht, somit im kosmischen Rhythmus des Weltenrituals.

## Meine Reise durch die Sphären:

„...die Sonne wie Blut, die Erde zum Grab,
das Grab zur Hölle, die Hölle noch finstrer und trüber!"

Ich hatte schon seit einiger Zeit ein ungutes Gefühl. Aber was heißt „ungut"? Ich wusste, was das Gefühl zu bedeuten hat. Aus diesem Grund legte ich mich schon früh zu Bett, denn ich war mir bewusst, dass großes folgen würde. Kaum machte ich meine Augen zu, da hörte ich meinen geistigen Namen rufen: „Azon! Azon! Azon!"
Dreimal. So war es üblich. Azon. Mein Name. Jeder Name eines Schülers des großen Meisters Arion beginnt mit dem ersten Buchstaben im Alphabet – mit dem „A", – wie bei A-rion! –, welcher den Ausgleich symbolisiert! Dass das von Bedeutung ist, wenn dieser Name dann gerufen wird, dürfte jedem klar sein. Es ist der wahre Name seines Trägers, der sein ganzes Wesen ausdrückt, sein Temperament charakterisiert, seine Mentalität, ja, des „Pudels Kern" beschreibt. Und deshalb stand Großes bevor, und ich freute mich schon darauf.
Plötzlich sah ich ein Funkeln, ein Blitzen und Lichter zuckten auf und nieder, nie gesehene Farben tauchten aus dem Nichts auf, kaum zu beschreiben. Mein ganzes Schlafzimmer veränderte sich, ging im unbeschreiblichen Licht des Astralen unter, und plötzlich stand er vor mir: Anufri, mein Schutzgeist, den ich seit meiner Inkarnation vor über 1500 Jahren in Afrika als kleines Kind zur Seite gestellt bekam. Er begleitete mich schon seit Jahrhunderten in meiner Entwicklung und ich hatte ihm so viel zu verdanken. Er stand als universelles Wesen mitten zwischen Gut und Böse. Er war der große Vermittler dieser beiden gesetzmäßigen Prinzipien. Er öffnete einem Hermetiker alle Türen zur Gottheit und leitete ihn zum Ziel.
„Heil dir, mein werter Freund und Führer!"
„Heil dir, mein lieber Sohn!", denn er war für mich wie ein Vater.
Ich erinnerte mich plötzlich daran, wie er das erste Mal vor mir stand. Es war in der Astralebene. Ich bewunderte gerade das Leuchten der Sterne, als plötzlich vor mir ein Funkeln wahrnehmbar war, das sich formte und eine Gestalt wurde sichtbar. Ich war so überrascht von diesem Erscheinen eines hohen Wesens, dass ich zu Beginn nichts sagen konnte. Ich musste ihn einfach nur anstarren. An seiner Kleidung, seiner Krone und seiner strahlen-

den Aura erkannte man seine für mich neue Unnatürlichkeit. Er stammte aus einer ganzen anderen Rangordnung. Für mich völlig unbekannt.
„Wer bist du?", musste ich ihn fragen.
„Ich bin Anufri", sagte er.
„Und was machst du hier?"
„Ich bin ab heute dein Beschützer."
„Was ist das?"
„Da dein Interesse sich langsam beginnt für die geistigen Gesetze zu öffnen, habe ich die Aufgabe, dein Interesse zu fördern und deine Entwicklung zu beschleunigen. Meine Beziehung zu dir ist die eines Vaters für sein Kind. Ich werde dich in Gesetze einweihen, die dir nützlich sind und dich auf Erden auf guten Wegen führen, dich mit meinem Rat unterstützen, in Trübsalen trösten, deinen Mut für die Prüfungen des Lebens heben und dir helfen. Von deiner neuen Geburt bis zum Tode und darüber hinaus in dein geistiges Leben werde ich dir zur Seite stehen. Ja, durch deine weiteren Daseinsformen begleite ich dich, auch wenn diese dir nur als sehr kurze Existenzen im Vergleich mit dem Leben des Geistes erscheinen mögen."
„Und wie machst du das?"
„Über deine Matrize, deine Verbindung zwischen Geist und Seele kann ein geschulter Mensch Einfluss zur dir aufnehmen und dich leiten."
„Über die Matrize?"
„Mit dieser nimmst du aus dem unendlichem Akasha, aus dem Sternenhimmel, den du davor mit staunen betrachtet hast, deine Gedanken und Ideen auf. Ohne diese wärst du ohne Halt!"
„Was ist deine Mission?"
„Ein Führer wie ich, hat die Pflicht, über dich zu wachen, weil er diese Aufgabe übernommen hat. Sie entspricht vollkommen meiner freien Entscheidung und meinem innersten Bedürfnis, also meiner Mentalität. Es ist für mich eine wahre Freude und Ehre dir zu helfen."
„Bist du restlos an mich gebunden?"
„In gewisser Weise ja. Zuweilen geschieht es aber, dass gewisse Geister ihre Stellung verlassen, um verschiedene Aufgaben zu erfüllen, aber dann werden sie durch ein anderes Wesen ersetzt."
„Und was würde passieren, wenn ich deine gedanklichen Ratschläge ablehne?"
„Darüber wäre ich sehr traurig. Nach einer gewissen Zeit entferne ich mich von dir, wenn du meine Ratschläge abschlägst und wenn dein Wille, sich dem Einfluss niederer Geister hinzugeben, den tierischen Leidenschaften

die Oberhand überlässt. Ganz verlass ich dich nie ihn. Sobald ich dein erneutes Sehnen verspüre, komme ich wieder zurück."

„Wie kann ich das Band zwischen uns festigen?"

„Festige diesen innigen Verkehr, wie er zwischen besten Freunden stattfindet. Aber glaub nicht, dass du mir etwas vormachen könntest, denn ich vertrete das Auge Gottes und du kannst mich nicht betrügen. Bedenke immer deine Entwicklung, trachte, in deinem Leben fortzuschreiten, dann werden deine Prüfungen umso kürzer und angenehmer ausfallen, dein Dasein umso glücklicher werden."

„Wie lange bleibst du bei mir?"

„Solange, bis du dazu gelangst, dich selbst leiten zu können. Dies geschieht aber nicht auf eurer Erde, sondern dann, wenn du mit Metatron, dem Herrn der Sonne, verbunden bist."

„Wer ist Metatron?", kam meine nächste Frage.

„Das ist der universelle Schöpfer."

„Warum bleibt die Wirkung der Schutzgeister auf unser Dasein verborgen, warum beschützen sie uns nicht offenkundig? Ich hab nämlich noch nie was von euch gehört."

„Würdet ihr Menschen auf unsere Unterstützung rechnen, so handelt ihr nicht aus euch selbst heraus, ihr seid nicht selbstständig und euer Geist macht keine Fortschritte. Hierzu bedarf er der Erfahrung und oft ist es notwendig, dass ihr es auf eigene Kosten macht. Die Wirksamkeit der Geister, die euch wohlwollend sind, ist immer so eingerichtet, dass euer freier Wille bleibt, sonst hättet ihr keine Verantwortung und dementsprechend keine Erkenntnis. Der Mensch, der seinen Rückhalt nicht sehen kann, stützt sich auf die eigene Kraft. Dennoch wacht sein Führer über ihn und gibt ihm die nötige Intuition."

„Was hast du von deinem Auftrag in deiner Entwicklung?"

„Meine Führung ist ein Verdienst, dem Rechnung getragen wird, sei es für meinen eigenen Fortschritt, für mein eigenes Wissen und meine Weisheit. Ich freue mich aber riesig darüber wie der Lehrer beim Fortschritt seines Schülers. Habe ich aber keinen Erfolg, bleibt ich außerhalb der Verantwortung, denn ich tat ja alles, was ihn meiner Macht stand. Im Endeffekt sehe ich aber bereits hellsichtig, dass ich in deiner Entwicklung Gutes leisten werde."

„Aber wie kann ich dich anrufen, wenn es mir mal schlecht geht oder ich deine Hilfe brauche?"

„Meinen wahren Namen wirst du in deiner Verkörperung vergessen. Aber

wenn du an ‚einen Freund' in schlechten Zeiten denkst, an eine Hilfe, dann werde ich dir zur Seite stehen und mein Möglichstes tun."
„Wann werde ich dann deinen Namen im Erdenleben wissen."
„Wenn du deine vier Temperamente ausgeglichen hast und du den Kontakt zur geistigen Welt aufnimmst. Dann komme ich und du wirst meinen Namen erfahren."
„Sind es immer höher gestellte Wesen, die die Aufgabe eines Schutzgeistes übernehmen oder sind das normal Sterbliche?"
„Für Hermetiker sind dies immer Magier höheren Ranges. Für normale Menschen sind es Untergebene eines Vorstehers. Sie bekommen erst einen „Guru" zugewiesen, wenn sie sich für die geistige Materie interessieren. Geistige Dinge verlangen einen geistigen Lehrer. Wir „Führer" bringen den Menschen dazu, den irdischen Einflüsterungen der Dämonen zu entsagen, der geistigen Intuition mehr zu achten und den wahren Weg einzuschlagen. Wir unterstützen euch sozusagen im Kampf zwischen dem Guten und dem Bösen!"
„Haben Ansammlungen von Individuen wie Gesellschaften, Städte, Nationen und Völkerschaften ihre besonderen Schutzgeister?"
„Ja, denn diese Vereinigungen sind Kollektiv-Individualitäten, die sich auf ein gemeinsames Ziel zubewegen und einer höheren Leitung bedürfen. Alles, was sich entwickelt, strebt einem höheren Gebiete zu und wird dorthin geleitet. Darum gibt es ja die Vorsteher der verschiedenen Bereiche, die ihr Gebiet fördern und leiten."
„Ah, ich verstehe. Also ist sozusagen alles „belebt"! Hinter jedem Symbol steckt eine geistige Realität, die ihren Einfluss ausübt. In einer Verkörperung lehrte man mir, dass die alten Völker besondere Gottheiten aus ihren Beschützern gemacht hatten. Die Musen waren nur eine bildliche Darstellung der Schutzgeister der Künste und Wissenschaften, und Laren und Penaten waren die Bezeichnungen für die Familienschutzgeister. Heutigentags sind Schutzgeister von Kirchen, Städten und Gegenden Schutzpatrone. Es ist dasselbe. Bei Völkern sind es Sitte, Gewohnheit und der herrschende Charakter, besonders die Gesetze, die den Grund der Anziehung für die Geister bilden. Gelangt im Volke Gerechtigkeit zur Herrschaft, wird der Einfluss böser Geister bekämpft. Heiligen die Gesetze der Menschlichkeit widersprechende Dinge, strömen die ‚bösen' Dämonen herbei, prägen ihre Ideen dem Volke auf und entkräften die guten Einflüsse."
„Ja! Siehst du, wie dein Denken arbeitet. Es geht in die richtige Richtung. Und diesen Weg werde ich unterstützen."

„Wurde dieser mein Gedanke auch von dir ins Leben gerufen? Sind solche Ahnungen ein Bestandteil deiner Aufgabe?"
„Ich bin hier und du stellst mir diese Fragen ... ?"
„Ah, ich verstehe. Und wenn ich mir nicht sicher bin, von wem die 'innere Stimme' stammt?"
„Bist du dir unsicher, so rufe deine Gottheit an, dass sie dir ein Zeichen setzen soll."
„Hilfst du mir in allen Dingen, auch in materiellen oder nur in moralischen?"
„In allen, was wichtig ist!"
„Handelst du nur gedanklich oder greifst du auch materiell ein?"
„Beides, je nachdem, wie es die Situation ergibt. Darum sind wir ja vollkommene Magier, die die Materie vollkommen beherrschen!"
Er lächelte mich an und war augenblicklich verschwunden. Ich stand da und starrte erneut in die Unendlichkeit des allumfassenden Akashas ...
Aber nun verbeugte ich mich erneut nach ägyptischer Tradition mit verschränken Armen vor der Brust ehrfürchtig vor ihm. Er war ein hoher Meister und beherrschte bereits sämtliche 78 Tarotkarten, aber aus Liebe zur Menschheit löste er sich nicht auf, sondern opferte sich ihr, weil ihm seine Gottheit darum gebeten hatte. Er war schon seit Äonen eingeweiht und sein Alter ist kaum in Jahre zu fassen.
„Komm, Azon, ich zeige dir nun die Astralwelt, wie du sie noch nie gesehen hast. Ich führe dich heute durch die dunkelsten Abgründe bis hin zu den lichtesten Ebenen des Kosmos, bis zu Metatron, sodass du diesen Augenblick nie vergessen wirst. Wollen wir es wagen?"
„Gerne, mein Führer! Gerne!"
„Dann komm", und er nahm mich bei der Hand und wir drehten uns in die astralen Bereiche. Dabei fiel mir ein, dass kein Ungeschulter, kein Medium oder schwarzer Zauberer, nicht einmal ein liebevoller Mystiker, der nicht die nötige Reinheit vorzuweisen hat, jemals in der Lage ist, über die Schwelle zu schreiten, ins Astralreich einzutreten. Denn dort wacht sie, die Hüterin des Entsetzens, oder besser ausgedrückt, die Hüterin der Schwelle. Welch ein grauenhaftes Wesen. Ich sah sie jedes Mal mir zulächeln, wenn ich über die Schwelle in die andere Welt schritt. Doch ihre Augen blieben hellwach, und alles durchblickend. Denn mit einem gütigen „Lächeln" hatte es nichts zu tun. Das war eine Warnung für mich, die ich mehr als ernst nahm. Mein Lehrer Anion berichtete schon über sie. Ihre Augen hatten ein dunkles Leuchten, ein grauenerregendes Funkeln, welches den höchsten

Dämon in die Knie zwang. Kein negativer Fürst könnte vor diesem Wesen bestehen. Sie war das reinste Akasha und verlangte ebenso die vollkommene Reinheit. Hatte man nur einen Funken dunkler egoistisch-tierischer Materie an seiner Seele kleben, oder ein zu viel im Positiven, trat sie in Erscheinung. Und das war grauenhaft. Nie würde ich ihre Augen, ihren Anblick, vergessen.

Ich sollte keine Furcht haben, so sagte man es mir. Ich sollte stattdessen immer vorsichtig in der astralen Welt wirken und keine Ursachen setzten, die sich verheerend auswirken könnten. Denn für einen schöpferischen Magier wäre dies durchaus möglich. Ihr Gesicht übertraf alles. Selbst als ich hohe Dämonengottheiten sah wie „den Gott der Templer", dessen Angesicht das Tier, die Rohheit und die grausame Brutalität in ihrer Vollkommenheit darstellte, hatte ich nicht nur annähernd so viel Panik, ja Panik war das richtige Wort, vor diesem Wesen.

Ich erinnerte mich. Vor Jahren befand ich mich am Übergang über den Hadesfluss namens „Styx", so wird er in den griechischen Sagen benannt. Man hätte das auch mit der Schwelle ins Jenseits übersetzen können. Jetzt wurde mir erst so einiges klar, warum man früher den Toten Münzen auf die Augen legte, um den „Fährmann" zu bezahlen, der einen über den Fluss – die Schwelle – sicher ins Astralreich geleitete. Die Münzen stellten eine Opfergabe dar, die der Mensch bringen musste, damit er an sein Ziel gelangen konnte. Und dort stand ich dann, wartend auf die Hüterin. Am Vorort zum Ziel. Plötzlich wurde das Astrallicht sanfter und dämmernder, als eine dünne graue Wolke sich wie ein Nebel nach und nach über das gesamte geistige Land ausbreitete. Ein eisiger Schauer schoss durch mein Herz und überfiel mich wie die Kälte des Todes. Ich konnte mich nicht wehren. Schweiß trat mir aus meinen astralen Poren, so seltsam das klingen mag. Ich war mir der Gefahr bewusst, denn man warnte mich vor, damit ich ihr nicht unvorbereitet begegne. Ich wusste aber auch, dass ich diese Prüfung bestehen musste, komme da was wolle, denn ich hatte die Reife für den Übergang. Dies sagte mir Anufri, und ich glaubte ihm!

Meine Glieder begannen langsam aber sicher starr zu werden. Dieses seltsame Leuchten verstärkte sich, ja, es materialisierte sich zusehends. Das Gefühl von Kraft, Jugend, Freude und ätherischer Leichtigkeit, das ich kurz davor empfunden hatte und soeben noch meine Adern durchpulste, wich augenblicklich der tödlichen Erstarrung, welche mir gegenwärtig in die Brust des Lebens eingedrungen war. Ich stand mit auf der Brust gekreuzten Armen aufrecht und unverzagt, harrend, was da kommen würde. Der Dunst hatte jetzt beinahe die Dichtigkeit und anscheinende Festigkeit einer gelbgrauen Schneewolke angenommen. Die astralen Sterne wurden durch ihr trübes „Licht" überdeckt, und jetzt sah ich deutlich ein Auge, nein, zwei düstere, gelb glotzende Augen, wenn man es so bezeichnen konnte. Auf den ersten Blick ein nicht zu unterscheidendes Etwas verdunkelte sogar das Licht der astralen Ebene. Nichts war mehr zu sehen. Ich stand im Nichts. Ohne Halt und Boden. Nach und nach nahm dieses Etwas vor meinen Augen Gestalt an. Es war wie ein mit einem dunklen Schleier bedeckter Menschenkopf, aus welchen mit gelbem, dämonischem Feuer Augen starr blickten, die das Mark in meinen Gebeinen gefrieren ließen. Nichts sonst war von dem Gesichte zu unterscheiden, nichts als diese unerträglichen, durchdringenden allerkennenden Augen. Aber mein Grauen, welches am Anfang die Kräfte der menschlichen Natur zu erschöpfen schien, wurde noch tausendfach vermehrt, als das Phantom nach einer Weile langsam auf mich zukam. Es kam mir vor, als könnte ich den Atem des Todes riechen. Die unwirkliche Wolke zog sich vor mir zurück, während die Gestalt vorwärts trat. Eine grauenhafte Erscheinung. Alles um mich herum wurde matt und unklar zu erschauen. Alles wurde von ihrer Ausstrahlung verschluckt. Es schien, als trat ein kalter grauer Todes-Hauch aus ihrem Munde, der alles vernebelte. Ihre Gestalt war wie ihr Gesicht verschleiert, war nicht genau zu sehen, aber der Umriss war der eines weiblichen Wesens. Keine menschlichen Züge waren an ihr zu erblicken. Es bewegte sich nicht, es war keine Ausstrahlung wahrnehmbar, wie dies selbst bei lebenden Geistern anzutreffen ist. Es schien eher wie ein ungeheures, missgestaltetes Gewürm zu kriechen, umgeben von einer dichten Masse von Wolken. Als es endlich stillstand, kauerte es sich neben mir nieder. Alle Fantasien, selbst die groteskesten von allen Mönchen und Malern des Nordens und des Südens der alten Zeit, wären nicht imstande gewesen, dem Gesicht eines Ur-Dämons oder Gottes, man konnte es nicht erahnen, diesen Ausdruck der reinsten Zerstörung tödlicher und unausweichlicher Bosheit zu geben, welcher aus diesen Augen allein zu der fassungslosen Natur in mir sprachen. Alles andere war so dunkel, verhüllt, verschleiert und larvenähnlich. Undurchdringlich wie das dunkle Akasha selbst. Aber dieser brennende, durchdringende, gelbe und mehr als lebendige Blick hatte etwas an sich, das in seinem leidenschaftlichen Hass und Hohn beinahe übermenschlich zu nennen wäre; etwas, das zeigte, dass der schattenhafte Schrecken nicht nur Geist war, sondern wenigstens genug Materie an sich hatte, um für irdische Wesen ein noch tödlicherer und furchtbarerer Feind zu werden. Ich

wusste, eine falsche gedankliche Bewegung von mir und es hätte meinen Astral- mit samt meinen Mentalkörper in Tausende von Teilen zerrissen. Unheilbar wäre mein ewiger Tod beschlossen gewesen. Sie konnte und durfte das, denn sie war Akasha!
„Du bist in mein unermessliches Reich des Astralen eingedrungen. Ich bin die Hüterin der Schwelle. Ich bewache dieses Reich. Was willst du von mir? Du schweigst? Fürchtest du mich? Bin ich nicht deine Geliebte? Erträgst du etwa meinen Anblick nicht? Bist du nicht stark genug? Hast du nicht um meinetwillen den Freuden deines Geschlechts entsagt und bist jungfräulich und keusch geblieben? Möchtest du weise werden? Mein ist die gesamte Weisheit zahlloser Jahrtausende bis in alle Ewigkeit. Küsse mich, mein sterblicher Geliebter, und werde mehr als nur weise!"
Entsetzen packte mich, doch ich wich nicht zurück. Ich sah ihr in die Augen. O Schrecken. Welch ein Anblick. Ich entgegnete: „Ich will über die Schwelle. Ich will Einlass in das unendliche Reich der astralen Gefilde, um Kenntnis zu erlangen! Ich will mehr als weise werden!", doch die letzten Worte verklangen im Schauer meines Entsetzens.
„Weise dich aus, Azon, zeigte mir deine Reinheit! Gib mir den Kuss!"
Ich öffnete mein Hemd und deutet auf mein Sonnengeflecht – auf meinen göttlich-reinen Funken.
„Er ist rein und unbefleckt! Sieh hin!"
Das Wesen kam näher und mir zitterten die Knie. Alle meine mentalen Nerven waren aufs Höchste angespannt. Ich aber blieb standhaft. Ich blieb stehen. Keinen Millimeter wich ich vor ihr zurück, vor der die härtesten Kämpfer und Krieger wimmernd wie kleine Hunde geflohen wären. Nass vor unsäglicher Angst. In der griechischen Mythologie gab es viele von ihr zu Stein erstarrte. Die Sage von Perseus berichtet darüber.
Sie streckte ihren Arm aus, dessen Farbe oder Aussehen unbeschreiblich war und berührte damit meinen Mittelpunkt. Sie gab mir den so sehr ersehnten Kuss der Weisheit. Wie ein Blitz durchschoss es mich. Ich sah nur Licht.
„Ja, ich sah und sehe, dass du rein bist! Du darfst über die Schwelle treten. Tritt ein, Azon!"
Als ich meine Augen von Neuem öffnete, sah ich ein unbeschreibliches Land. Voller Schönheit und Geheimnisse. Nun war mir klar, dass nur dem Reinen alles Rein ist. Ich trat ein ...
Doch nun zurück in die Gegenwart. Als ich mit meinem Mentalkörper in der Geisterwelt ankam, befand ich mich sofort neben meinem Schutzgeist.

„Du dachtest an die „Hüterin der Schwelle", an jenes entsetzliche Weib, welches schon manch einen in den Tod trieb. Die griechischen Sagen künden schwere Kämpfe mit ihr, mit Medusa. Alle wurden zu Stein verwandelt. Ihre Entwicklung war beendet. Sie waren wahrlich mental tot! Welche eine unendliche Macht hat dieses weibliche Wesen!"
„Du sahst mein Bild, an das ich dachte. In dieser Welt wird jeder Gedanke sofort sichtbar. Ja, die Griechen nannten sie so, Medusa, denn ihr Blick, ihre bösen, eiskalten, vernichtenden Augen lassen jeden, der nicht mit der persönlichen Gottheit bekleidet ist, wahrlich zu Stein verwandeln. Nur die göttliche Reinheit und der manifestierte Glaube schützen vor ihrem Antlitz."
Ich war voller Stolz, solch einen mächtigen Schutzgeist zu haben, mit einem enormen Wissen und noch mehr an Weisheit. Seine Kleidung glänzte in goldener Farbe und seine Haut leuchtete noch heller als sämtliche Sonnen. Sein Gürtel war im wunderschönen violett und seine Krone zeugte von seiner erhabenen Würde, die seinesgleichen suchen müsste.
„Ich weiß schon Bescheid, Azon. Dein Wunsch ist es, durch die dunkelsten Regionen zu reisen. Das ist dein Wille. Nur brauchst du einen Führer, denn die Dunkelheit könnte dich für immer verschlingen. Das wäre dein Tod, denn dort lauern unendliche Gefahren."
„Ja, damit würdest du mir meinen Traum erfüllen, mein Führer."
„Dann komm. Ich führe dich dorthin", und wir drehten uns, immer schneller und schneller, und versanken im Boden der astralen Materie. Was ich nun erlebte, will ich an Hand meiner Begebenheiten erzählen:
Klarer und immer klarer vermochte ich die verschwommenen Formen zu unterscheiden. Ich sah immer mehr Licht in dieser Ebene der Dunkelheit, das ein Schauen ermöglichte. Immer deutlicher wurden die Umrisse, immer schärfer wurden die Töne, die im wahrsten Sinne des Wortes an mein Ohr schlugen. Zuerst vernahm ich sie wie einen schwachen Widerhall eines Echos, den man im Traume hört, dann aber erfasste ich sie mit der vollen Wucht eines durchdringenden Klanges. Schleier auf Schleier von dünnen, durchsichtigen Dunst, welche zwischen mir und meiner Umgebung zu hängen schienen, begannen wegzuflattern, sich zu lichten, und meine Augen fingen an, die Wunder dieses gefürchteten Astralplanes, wo ich nun stand, zu erblicken.
„Als Erstes reisen wir ins sogenannte Kama-Loka der Theosophen, welches die niederen Ebenen der Astralwelt umfasst, in denen der Mensch nach dem Tode jene Begierden ablegen muss, die nur mittels des mit dem Tode

abgelegten physischen Leibes in der Materie befriedigt werden können und die ihn noch an das vergangene Erdenleben fesseln. Das ist die dichteste Astralebene, sie liegt nahe an der materiellen Zone. Von vielen wird sie Hölle genannt. Die Menschen finden dort Wohnung, die seinen inneren Wesen und Natur entsprechen, sei es nun in der finsteren Hölle oder in den lichtesten Sphären. Auf Erden wird intuitiv geglaubt, dass sich je nach den guten oder bösen Taten, diese sich im Jenseits entsprechend auswirken. Je nach seiner moralischen Einstellung und Kenntnis der Gesetze von Gut und Böse, von Plus und Minus, kommt der Verstorbene in seine ihm entsprechende niedere Welt. In diese Tiefe werden sie von den negativen Wesen sofort nach ihrem Tode geführt.

Zu den Genüssen zählen alle materiellen Wünsche, die nicht mit der Reinheit der Seelenwelt im Einklang stehen, egal, ob es sich um eine leidenschaftliche Selbstliebe handelt oder bis zum Zählen des Geldes geht. Im Kama-Loka, in der Welt der irdischen Leidenschaften, sind alle menschlichen Astral-Wesen vertreten, die nicht bewusst über die Schwelle des Todes geschritten sind, nicht wissend über ihr eigenes Ableben auf dem irdischen Plan. Dort müssen sie nun bestimmte Läuterungen vollziehen. Erst dann können sie zu dem glücklichen und friedvollen Leben aufsteigen, das dem eigentlichen Menschen, der menschlichen Seele, zukommt. Aber nur wenn sie Einsicht und Erkenntnis zeigen! Diese Region umfasst die Zustände, über welche viele religiöse Bücher berichten, dass die Hölle, das Fegefeuer und die Zwischenwelten wirklich existieren. Die Hindus nennen diesen Zustand Pretaloka, d. i. der Aufenthaltsort der Pretas. Ein Preta ist ein menschliches Wesen, das seinen physischen Körper verloren hat, aber noch mit dem Gewände seiner tierischen Natur bekleidet ist. Dieses Gewand kann nicht weiter mitgenommen werden. Es ist zu materiell selbst für die dunkle Astralebene. Sein Träger ist daher solange mit seiner imaginativen Welt verbunden und darin gefangen, bis sie und sein Denken zerfällt. Und dieser Zustand kann unerträglich schmerzhaft werden.

Diesen armen Seelen könnte man aber helfen, indem man für ihre Freiheit betet und am Jahrestag ihres Todes Opfer darbringen lässt. Auch rituelle Messen kann man für sie lesen lassen, welche ihnen Trost spenden."

Mein Führer schwieg, denn er merkte, dass ich mich erstmals an die Lichtverhältnisse hier unten, in der finsteren Unterwelt, gewöhnen musste. Dazu benötigte ich einige Zeit.

Mir wurde bewusst, dass in jeder Religion irgendein solcher Zustand als zeitweiliger Aufenthaltsort des Menschen für die Zeit zwischen dem Verlassen seines Körpers und seinem Eingehen in den höheren Sphären bezeichnet wird. Aber dass die Hölle so aussah, wie ich sie später wahrnahm, war für mich kaum denkbar. Es war unfassbar! Die verschiedenen Zonen waren durch die Qualität der Dichte voneinander getrennt. Keiner vermochte in eine höhere Ebene aufzusteigen, als er innerlich vorweisen konnte. Jeder Bewohner hatte seine ihm zugehörige Schwingung, in der er leben konnte und musste. Die für das Leben des einen erforderlichen elektromagnetischen Wellen würden das Leben des anderen zerstören. Alles hing von seiner Entwicklung und individuellen Reife ab.

Der Mensch saß in der sogenannten „Unterwelt" fest. Der Name rührt daher, weil seine Schwingung, Temperament und Mentalität so materiell waren, dass es ihn in die tiefste Schicht der Seelenebene von alleine zog, denn „Gleiches zieht Gleiches an"!

Ein großer Teil des irdisch-gebundenen Astralleibs wurde hier abgelegt und löste sich in der allgemeinen Astralwelt auf. Das Kamaloka, wörtlich also der Ort der Begierde, wurde in der christlichen Terminologie als Fegefeuer bezeichnet. Bei den Griechen hieß es Hades. Selbst die Sumerer, Babylonier, Assyrer, Ägypter und sämtliche asiatischen Völker hatten die gleichen Vorstellungen von Himmel und Hölle, sprich von den niederen und höheren geistigen Sphären. Bei den Ägyptern hieß das „Amenti" und war der Ort der seelischen Läuterung. Nur die Herren des magischen Wortes konnten in die höheren Sphären aufsteigen. Das waren aber nur sehr wenige!

„Es gibt für den Okkultisten bekanntlich vier Aspekte des Körpers, welche dem Zerfall unterstehen. Sie haben nur Bedeutung in der materiellen Ebene. Diese sind: Sein niederes Denken, der tierische Teil des Astralkörpers oder des „Doppelgängers", das Kama Rupa, welches sich im Kama Loka auflöst und zu guter Letzt die grobstoffliche Matrize, welche mit dem Tode der Person verschwindet.

Einige Stunden nach Eintritt des Todes – nicht über sechsunddreißig Stunden heißt es im Allgemeinen – zog sich der Mensch aus der stofflichen ätherischen Matrize zurück und hinterlässt auch diesen als empfindungslosen Leichnam, der in der Nähe seines dichten Gegenstückes bleibt und sein Los teilt, sprich: verwest. Wenn der dichte Körper begraben wird, bleibt der „ätherische" Körper – die Matrize – über dem Grabe schweben und löst sich allmählich auf. Dieser wird von den leichenfressenden Ghuls verzehrt. Die unangenehmen Gefühle, welche viele Menschen auf den Friedhöfen empfinden, sind hauptsächlich auf die Gegenwart dieser verwesenden Leichname zurückzuführen. Wenn der Körper verbrannt wird, so löst sich sein ätherischer Gefährte sehr rasch auf, da er damit sein altes Nest, seinen physischen Anziehungspunkt, verliert. Dies ist einer der vielen Gründe, warum die Verbrennung der Beerdigung als Methode der Beseitigung der Leichname vorzuziehen ist", erklärte mir Anufri.

„Das heißt also, wenn im ‚Fegefeuer' die Seele nach dem Tod des Stoffkörpers der irdischen Leidenschaften entkleidet ist, ist damit noch keineswegs gesagt, dass deswegen das Ich schon gelernt hat, diesen Begierden wissend und willentlich freiwillig zu entsagen. Diese latenten Gelüste bleiben und können bei der nächsten Verkörperung wieder voll durchbrechen. Die Aufgabe des Menschen ist es ja, seine sämtlichen Leidenschaften, egal ob negativ oder übertrieben positiv, auf Erden zu überwinden und daraus als Sieger hervorzugehen. Dazu muss er mindestens die Dauer aller 12 Tierkreiszeichen durchwandern, die den vier Elementen und drei Ebenen (3 x 4 = 12) unterstehen. Die Zeit eines solchen Zyklus beläuft sich auf 25920 Jahre. In der Seelenwelt lernen wir, dass es besser ist, rein bzw. ausgeglichen zu sein, um dadurch gleich in höhere Sphären aufzusteigen. Man verliert nämlich sonst unendlich viel Zeit …

Nur ein moralisch reiner Mensch ist in der Lage, diese Höllensphäre zu betreten. Er sollte diese Bereiche aber nur mit einem Führer aufsuchen, der ihm Schutz gewährt und ihm hilft, denn es ist selbst für einen Magier, ja sogar mit einiger Erfahrung, ein äußerst gefährliches Unterfangen. Selbst der italienische Dichter Dante Alighieri schreibt am Tor zur Hölle: „Du, der du eintrittst, leg alle Hoffnung ab", weil diese Welt eine Welt des Schreckens ist," erweiterte ich.

Dass man dazu Mut und Standhaftigkeit unbedingt benötigte, wurde mir selbst bewusst, denn am riesigen Eingangstor zu dieser Welt, flankiert durch zwei lebende, feuerspeiende Höllenhunde, wie man sie aus den griechischen Sagen und Legenden kannte, welchen jeden Neugierigen warnen und abschrecken sollten. Dort war ein Wimmern, ein Wehklagen zu hören, welches mir schon vor dem Tore das Herz zerriss. Ein Seufzen, ein Weinen, ein Schreien war zu vernehmen, welches mir durch Mark und Bein ging. Viele der Verstorbenen kamen erst gar nicht im Astralreich an. Man überließ sie dem Umherirren in der finsteren Ebene, die sie wahnsinnig vor Entsetzen machte, denn in ihrer Scheinwelt tappten sie im Dunkeln umher wie Blinde nach Nahrung suchend. Sie schrien nach ihren Verwandten, sehnten sich nach Freunde. „Es ist so dunkel in meiner Wohnung. Ich bin ganz alleine. Ich hab keinen zum Reden, keiner hört mir zu", vernahm ich die Stimmen der unausgeglichenen Menschen, die ihre Lektion hier in der

grausamen Hölle erleiden müssten. „Hilf mir", erklang es immer wieder an mein Ohr. Sogar mein Führer hatte Mitleid mit den armen Menschen in dieser Hölle. Ich erkannte das an den Tränen in seinen Augen.
„Wo bin ich hier?", kam in mir die Frage auf, „ist das alles wirklich und real? Ist das alles wahrlich von dem allbarmherzigen Vater im Himmel so geplant worden? Hat er als Schöpfer auch solch eine grauenhafte Hölle erschaffen?"
„Hab Geduld, mein Schüler", meldete sich Anufri, „Du wirst alles noch rechtzeitig in Erfahrung bringen. Doch zuvor möchte ich dir noch sagen, dass es einen Höllenrichter gibt, der im Akasha die „Sünden" liest und genau weiß, in welche Zone der Betreffende gehen muss. Er schickt diese Menschen auch gegen ihren Willen ins Fegefeuer. Denn sein Wille ist in der Hölle Gesetz! Es ist der Fürst Samael, der Engel des Verderbens und des Todes. Die Hure, das Weib der Unzucht, Isheth Zenunim, ist seine Gattin, und vereint nennt man beide die Bestie. Damit ist die Trinität des Infernos vollständig. Aber sogar das Böse hilft dem Guten weiter. Wenn die „böse Persönlichkeit" im Menschen vertrieben wird, ist der Charakter in gewissem Sinne im Gleichgewicht. Die *geläuterte* „böse Persönlichkeit" kann zu einem großen und starken, aber trainierten Tier gemacht werden, welches unter dem Willen des Magiers als Reittier benutzt werden kann. Diese wird dann zu einer enormen Kraft für seine schöpferische Handlungsbasis. Darum schmähe die bösen Mächte nicht, denn auch sie haben einen Platz und eine Verpflichtung, und darin besteht ihr Daseinsrecht. *Verfluche* sie zu diesem Zweck bei den mächtigen heiligen Namen, wenn es sein muss, aber schmähe sie nicht wegen ihrer Art, denn dann wirst auch du in den Irrtum geführt."
„Ja, ich hörte davon. McGregor Mathers, der Großmeister des hermetischen Ordens der goldenen Dämmerung schrieb dies über den Fürsten der Finsternis. Er sagt auch, dass auf Satan allein die Schande der materiellen Zeugung ruht. Er hat seinen jungfräulichen Zustand verloren, indem er himmlische Geheimnisse enthüllte. Dadurch trat er in die Knechtschaft, denn er umschließt mit Fesseln und begrenzt alle Dinge. Er wurde zum Herrscher der Höllensphären."
„Er verlor seine Reinheit durch die Wollust und andere Todsünden, welche die menschlichen Eintrittspässe in die Unterwelt sind. Viele der durch ihn gefallenen Menschen, die auf sein Wort und seine Lockungen hörten, haben sich bereits mit ihrem Schemen so stark verbunden, sind mit ihm schon zu einer Person verschmolzen, sodass sie niemals davon befreit werden

würden. Sie leben in ihrer eingebildeten Welt der Larvensuggestionen. Nur der Schmerz durch die Folter in der Hölle lässt sie frei werden, nur dieses Schreien aus unerträglichem Schmerz gibt ihnen Hoffnung. Frei von allem Irdischen können sie dann durch das Geistesland wandern, – aber nur dann ist dies möglich", fuhr Anufri fort.

„Die Toten bleiben oft noch eine Zeit lang mit der Schlussszene ihres Erdenlebens beschäftigt, ohne zu merken, dass sie ihren physischen Körper verloren haben, festgehalten in jener Region, die den „materiellen" Schwingung ihres Astralkörpers entspricht. Ihr normales Astral-Leben beginnt nicht, bevor die Leidenschaften ihres materiellen Erdenlebens abgetötet wurden. Sie sind sich ihrer neuen astralen Umgebung ebenso lebhaft bewusst, wie der physischen. Eine bekannte Geschichte lautet, dass ein Mörder, der für sein Verbrechen hingerichtet worden war, in Kamaloka die Szenen des Mordes und der darauffolgenden Ereignisse immer wieder aufs Neue durchlebte, seine teuflischen Verbrechen beständig wiederholte und die Schrecknisse seiner Ergreifung und Hinrichtung immer wieder neu durchmachen musste. Ein Selbstmörder wird die Gefühle von Verzweiflung und Furcht, die dem Selbstmord vorangingen, zwangsläufig wiederholen muss und mit grauenhafter Hartnäckigkeit immer wieder seine Tat und seinen Todeskampf durchlebt.

Du weißt ja, Azon, dass deine Mutter Selbstmord begann", wechselte er das Thema.

„Ja, mein Vater erzählte mir davon, dass sie sich aus Gründen der Depression eine riesige Überdosis Insulin spritze. Sie nahm vier Ampullen, und wusste, dass mein Vater bei Freunden war und sie allein zu Hause blieb. Es war ein richtig geplanter Selbstmord."

„Eine traurige Sache. Aber sieh nun selbst, wo sie gelandet ist."

Die Umgebung verdunkelte sich. Ich sah plötzlich ein altes Haus, es glich eher einem Gefängnis. Braune, graue Mauern umgaben das Gebäude, nur ein verschmiertes Fenster ließ etwas Licht in das düstere, schmutzig-gelbe Zimmer. Dort saß sie, meine Mutter. Ein grauenhafter Anblick. Ihr Kopf war nach unten gebeugt, sie war sich bewusst, dass sie einen Fehler begangen hatte. Dass es nach dem Tod doch noch ein Leben gab, das nach ganz bestimmten Gesetzen abläuft, erkannte sie nun! Tränen liefen über ihre Wangen. Dass das Leben heilig ist, das begriff sie erst hier, in diesem niederen Reich.

„Darf ich ihr helfen", war meine Frage.

„Ja, du kannst auf irdischer Ebene die Vorsteherin Immicat durch ein rituel-

les Gebet um Hilfe bitten. Sie wird dieser Hilfe nachkommen und deine Mutter aus diesem Elend befreien. Sag diese Formel drei Mal nach allen vier Himmelsrichtungen und bedanke dich für ihre Hilfe."
Das tat ich später und sprach folgende Formel:

> A E O I U!
> Ich nenne Deinen heiligsten Namen
> und flehe Dich an,
> mich zu erhören
> und um Dich zu bitten,
> mir Deinen Engel Immicat zu senden!
> Siehe,
> die Abtrünnigen haben mich geschlagen
> und meinen Leib geängstigt.
> Erhöre mein Wort,
> Du Erhabener,
> wahrer Schöpfer dieser Welt!

In Gedanken bat ich die Hüterin des Schlafes Immicat um Hilfe. Und siehe da, in einer Vision sah ich ein Monat später, dass meine Mutter von einer Untergebenen der Vorsteherin abgeholt und in lichtere Ebenen gebracht wurde. Meine Mutter strahlte vor Glück und war um meine Hilfe sehr dankbar. Sie trug ein weißes langes Kleid, und die Dienerin war in hell leuchtendes Licht getaucht, drei Schlüssel hingen an ihrem Gürtel, und sie strahlte Würde aus.
„Ich danke dir, mein Führer, für deine guten Ratschläge."
Er nickte, und ich war wieder mit meinem Geist in der Hölle, wo das Leid weiterging. Und dies ohne Ende!
„Eine Frau, z. B., die unter schrecklicher Angst und verzweifelten Anstrengungen sich zu befreien versuchte und den Flammentod erlitt, entfachte dadurch in Astralen einen so stürmischen Wirbel von Aufregung, dass sie noch fünf Tage später verzweifelt kämpfend, in der Vorstellung, sie befände sich immer noch im Feuer, und alle Versuche, sie zu besänftigen, wies sie wild zurück. Eine andere dagegen, die mit ihrem Kinde an der Brust während eines wütenden Sturmes im Wirbel der brausenden Fluten untergegangen war, deren Herz aber ruhig und liebevoll blieb, schlief auf der anderen Seite des Todes friedlich und träumte von ihrem Gatten und ihren Kindern in lebendigen, glücklichen Visionen. Im Allgemeinen aber muss

man den Tod durch einen Unfall als Nachteil auffassen, den jemand durch eine schwere Verfehlung auf sich herabbeschworen hatte. Die Erfahrung über den schweren Tod, in der Erde benachbarten niederen Regionen von Kamaloka, war dort mit vielen Widerwärtigkeiten und Gefahren verbunden. Nicht ohne okkulten Grund sind darum die anglikanischen Geistlichen zu beten gelehrt worden: „Bewahre uns, o Herr, vor Krieg, Mord und plötzlichem Tod!"

Der auf gewöhnliche Weise Verstorbene erwacht in der Astralebene und ist dann ganz von den Gedanken, Gefühlen, Plänen und Interessen, die sein Leben ausgefüllt haben, beherrscht. Er ist sich der mit ihnen in Verbindung stehenden Menschen und Dinge deutlich bewusst. Sein Verlangen treibt ihn beinahe unwiderstehlich dazu, die Dinge, an denen seine Leidenschaften und Gefühle noch haften, zu beeinflussen, und so bleibt er an die „Erde" gebunden, obwohl er aber alle ihm vertrauten Organe der stofflichen Tätigkeitsentfaltung eingebüßt hat. Die einzige Hoffnung, Frieden zu finden, liegt für einen solchen Menschen darin, sich entschlossen von der Erde abzuwenden und den Geist auf höhere Dinge zu lenken. Aber verhältnismäßig Wenige sind stark genug, um eine solche Anstrengung zu machen, selbst mit der Unterstützung, die ihnen stets von auf der Astralebene wirkenden Genien angeboten wird. Deren Pflichtenkreis besteht in der Leitung und Unterstützung jener, welche diese Welt verlassen haben."

Das Geschrei machte mich während der Rede von Anufri ganz mürbe, obwohl wir noch gar nicht inmitten der Hölle waren. Wir befanden uns in einem dunklen Bezirk, man könnte das als Vorhölle bezeichnen, wo ich mich an die niederen Schwingungen erst anpassen musste. Ich bemerkte auch, ohne etwas zu sehen, den Einfluss meines Führers, aber dennoch, ich selbst war am Verzweifeln über das ganze unsägliche Leid.

Nun traten wir ein. Der unvergessliche Anblick, den ich wahrnahm, werde ich niemals aus meinem Gedächtnis streichen können. Alles war schroff, kantig, spitz, rau. Wenn man über das schwarze, schmutzige Gestein fuhr, dann riss man sich die Haut auf, welche sich sofort wieder schloss. Aber man empfand kurz einen kleinen Schmerz. Der Himmel war dunkel, keine Sonne war zu sehen. Nur rot-graue Wolken, ein grelles Gelb dahinter konnte man als kleinen Lichtschein identifizieren. Doch dieser gab keine Hoffnung. Vulkane spien ihre Lava aus, die vom Berg herunter ran. Diese unerträgliche Hitze war kaum zu übersehen. Sie brannte auf unserer Haut. Die an diesem Ort herrschende Stimmung ist unvorstellbar traurig, öde und niederdrückend. Ich musste meinen Führer ansehen, welcher meinen traurigen

Blick erwiderte. Die Hölle konnte nur von einem Besucher gesehen und betreten werden, der einen gewissen Grad von Reinheit aufweist. Das magische Gleichgewicht war auch hier der Eintrittspass für uns in das niedere Reich, ja das geistig-seelische Gleichgewicht hatte so viele Vorteile und bot einem unendlich viele Möglichkeiten, kosmische Erfahrungen zu sammeln, die es wert waren, einen Seelenspiegel aufzustellen.

Ich bekam auch Gelegenheit, mit den Unglücklichen zu sprechen, und zwar mit recht vielen. Besonders klagten sie über die bösen Geister, die nur Lust und Freude empfanden, sie zu quälen. Sie waren völlig verzweifelt, weil sie wussten, ihre Qual würde ewig dauern. Sie hatten jedes Zeitgefühl verloren. Ich versuchte sie zu trösten. Aber wie sollte man das machen in einem Gefängnis der Ewigkeit.

Die gehässigsten Menschen wurden in einer stinkenden Hölle verwahrt, wo sie Gefallen an dem Gestank fanden, so dass sie ihn dem schönsten Wohlgeruch vorzogen. Aus dieser Hölle dünstete ein solcher Geruch hervor, dass selbst die Geister aus den benachbarten Höllen dort nicht bleiben konnten. Ich selbst hatte große Probleme, diese dämonischen „Ausdünstungen" überhaupt zu ertragen. Ich konnte nicht länger in dieser Region verbleiben. Ich musste deshalb selbst furchtbar erbrechen. Anufri legte mir mitfühlend die Hand auf die Schulter.

Man sah mit den Zähnen fletschende Todeshunde, die die gepeinigten Menschen bewachen, so dass sie vor Angst nicht entfliehen konnten. Die Hundeaugen glühten vor Hass und Gier auf Menschenfleisch. Bäumte sich dennoch einer auf, rissen sie unter ohrenbetäubenden Gebrüll das Fleisch aus ihren Körpern, dessen Wunden nie heilten. Ich war entsetzt. In der Mythologie wird dieses dreiköpfige Tier „Zerberus" genannt und es gab ihn wirklich. Mich schauerte.

„Die Menschen sind umgeben von ihren Schemen, ja sie machen sie zu persönlichen Tieren in ihrem ursprünglich göttlich geschaffenen Astral-Körper. Das ist ein Hohn gegen den Schöpfer, der seine Geschöpfe so innig liebt, dass er sie wegen der charakterlichen Laster zur Buße, besser ausgedrückt, zur Reinigung, in die Hölle schickt."

„Welch eine Perversion!"

„Ja, aber in einer göttlich reinen Form! Bedenke, er hilft ihnen, damit sie sich schneller „befreien" können, egal wie hart das für sie wird. Im Endeffekt sind sie froh darüber, hier in der Hölle gefoltert zu werden, denn nur so kommen sie von den Schemen in Tiergestalt los. Auf Erden bräuchten sie Jahrtausende der Läuterung und dies wäre wahrlich unerträglich. Und glaub

mir, die Gottheit leidet mit ihnen. Es sind ja ihre Geschöpfe! Und von diesem Standpunkt aus muss man das alles hier betrachten."
Ich blickte mich nochmals um und wollte mir alles genauestens ansehen. Es gab Straßen in der Hölle, wie in denen von alten Städten. Der Boden war schlammig und stinkend. Manche Städte standen in Brand, Flammen schossen aus den Häusern, der Boden glühte. Menschen waren festgefroren an deren Sitzen, brennend vor Verlagen nach mehr Nahrung, dessen Durst durch die Gier nicht gestillt werden konnte. Feuerzungen schossen aus deren Mäulern, die unsagbare Schmerzen verursachten.
Egoistische Bauern, die ihre Saat einsäen wollten, wo nichts wachsen konnte. Sie sehnten sich nach dem Land des Heils, fanden es nicht, nicht einmal einen Blick konnten sie darauf erhaschen.
Folterwerkzeuge sieht man, die den Menschenhänden entsprangen. Meere ohne Ufer, auf denen es keine Rettung gab, Brunnen ohne Wasser, Flüsse aus süßen klebrigem Blut, Gebirge voller Abgründe.
Die an Bulimie leidenden, die sich ihren Körper zu Tode hungerten, sind in der Astralebene scheußliche Gerippe, die sich vor Schreck ihres hässlichen Aussehens vor Angst die Seele tot schrien. Da mussten sie solange durch, bis ihnen ein Licht aufging, dass der Körper ein Geschenk der Gottheit war, den man besser pflegen sollte. Genauso die Mörder, die immer wieder im Astralen unzählige Menschen töten mussten, bis sie vor lauter Schmerzensschreie der Opfer ihre eigenen Taten erkannten.
Selbst die hochtrabenden Priester im Vatikan waren im astralen Kamaloka bloß wandelnde Leichen, die anstatt ihres Prunkes nur verwestes Fleisch sahen.
Habgierige – an den Dingen klebend – schoben ewig Felsbrocken vor sich her, Gewalttäter mussten sich immer noch in einem kochenden Blutstrom vor den sie beschießenden griechischen Zentauren verstecken, Mörder, Räuber und Verwüster kochten in einem Blutstrom, in den sie immer wieder von den muskulösen Pferdemenschen zurückgetrieben wurden, wenn sie versuchten, ihm mehr zu entsteigen, als ihre Schuld es zuließ. Je nach Schwere ihrer Tat waren sie unterschiedlich tief in dem Blutstrom eingetaucht. Schmeichler saßen in der Kloake, falsche Wahrsager trugen ihr Gesicht auf dem Rücken – jetzt ewig der Vergangenheit zugewandt, Heuchler schleppten außen schwere vergoldete Kutten aus Blei, Zwietrachtstifter wurden von Teufeln wieder und wieder zerhackt wegen ihrer Zwietracht, etwas zu zerteilen, die Verräter – immer auf eine plötzliche Wendung der Geschichte spekulierend – lagen eingefroren im Eissee Cocytus, dem tiefs-

ten See der Hölle. Diese Menschen wurden je nach der Intensität ihre Fehler bestraft.

In einem weiteren Bereich befanden sich die Verschwender und die Geizigen, die vom Höllenhund Pluton bewacht wurden. Die Sünder tobten und wälzten Lasten mit der Kraft der Schulter, die sie gegeneinander- stießen. Und noch tiefer ging es in den Sumpf der zornigen Seelen. Choleriker bekämpften sich hier unablässig in den Fluten eines Flusses, während die gleichgültigen Sanguiniker und Phlegmatiker für immer in den Fluten des Übergangsflusses untergetaucht blieben. Die Melancholiker konnten sich überhaupt nicht bewegen und erlitten dadurch unsägliche Langeweile.

Die Ketzer büßten in flammenden Särgen, weil sie sich durch die Ketzerei an göttlichen Dingen ihr eigenes Grab geschaufelt hatten. Auch stand der Sarg für die neue Geburt aus dem vorherigen Vergehen.

Manche Selbstmörder mussten als Sträucher und Bäume ihr Dasein fristen, die immer wieder von den Harpyien, von geflügelten Frau zerzaust wurden, da sie sich mit ihrem Selbstmord selbst von ihrem Körper losgerissen hatten, denn was man selbst sich nahm, darf man nicht mehr haben. Im Selbstmörderbuschwerk begegnete man auch Seelen, die in ihrem Leben ihren Besitz stückweise verprasst hatten und dafür von schwarzen Höllenhunden durchs Dickicht gehetzt und stückweise zerrissen wurden.

Diejenigen, die Gewalt gegen Gott (Blasphemie), gegen die Natur (Sodomie) und gegen die Kunst (Wucher) verübt hatten, wurden in einem Höllenring gepeinigt, dessen Boden aus Sand bestand. Die Gotteslästerer lagen ausgestreckt und schreiend auf dem Boden, die Sodomiten liefen ohne Rast und Ruh umher, die Wucherer hockten am Abgrund, wo der dritte Höllenfluss Phlegethon sich ergoss, untätig bei ihren Geldsäcken, und auf alle rieselten ständig Feuerflocken herab. An anderer Stelle steckten die Betrüger, die schwunghaften Handel mit Kirchenämtern trieben, kopfüber in Felsenlöchern, aus denen nur ihre brennenden Sohlen herausragten. Dies spiegelte die Umkehrung der eigentlichen geistigen Realität dar. In mit kochendem Pech gefüllten Trögen, mussten die Bestechlichen von ihrem Frevel gereinigt werden. Eine besondere Gruppe von Teufeln, die Malebranche, holte ihre Körper und bewachte sie: Wer den Kopf aus der Pechflut steckte, wird mit Gabeln an Land gezogen und dort geschunden.

Diebe und Räuber wurden unablässig von Schlangen angegriffen, durch deren Bisse sie zu Asche zerfielen, um bald darauf wieder auferstehen mussten, um das Geben und Nehmen zu ertragen – die ewige Strafe der Diebe. Nicht alle Sünder wurden von den Schlangen lediglich gebissen, andere verschmolzen mit ihnen (oder einem Drachen) zu einem ungeheuerlichen Ungetüm, das sich selbst zerfleischte. Anderen hingegen wurden immer wieder die Finger für ihren Diebstahl abgehackt. Hinterlistige Berater und betrügerische Räuber büßten, indem sie wie Glühwürmchen in Flammen gehüllt durch die Hölle schwebten und vor Schmerzen nicht aufhören konnten zu schreien.

In der letzten Unterabteilung des Höllenkreises litten die Fälscher, falschen Alchemisten und betrügerischen Zeugen unter ekelhaften Krankheiten und fielen in blinder Raserei übereinander her.

Ich sah einen riesigen Berg, der „der Berg der Läuterung" genannt wurde. Dort mussten die Trägen um den Berg hetzen, die lauen Seelen, die weder gut noch böse waren, liefen rastlos in Scharen umher, denn sie wurden von Ungeziefer gepeinigt. Dadurch konnten sie rest- und rastlos ihre Fehler erkennen. Die Habsüchtigen lagen mit dem Gesicht im Staub des Weges.

Dieser Berg bestand aus mehreren Terrassen, auf denen die Stolzen gereinigt wurden, wenn ich das so sagen darf, indem sie riesige Steine auf dem Rücken tragen mussten, ohne sich aufrichten zu können. Dies sollte sie lehren, dass der Stolz und der Hochmut Gewicht auf die Seele legte und man ihn deshalb ablegen sollte. Auf dem Boden eingraviert fanden sich historische und mythologische Beispiele für ihre Arroganz. Durch das Gewicht gebeugt, waren die Sünder gezwungen, diese zu studieren, um von ihnen zu lernen. Die Neider wurden auf der zweiten symbolischen Terrasse geläutert, indem sie mit zugenähten Augen umherwandern mussten, damit sie durch ihre Blindheit das wahre Sehen erkannten. Gleichzeitig trugen sie Kleidung, mit der ihre Seele nicht vom Boden unterscheidbar war. Dies sollte die Sünder lehren, andere nicht zu beneiden und ihre Liebe zu Gott zu lenken. Eine gewisse Art von Wütenden gingen im sauren Rauch umher. Sie lernten, wie sie der Zorn blind werden ließ und ihre so nützliche Urteilsfähigkeit verminderte. Liebhaber der materiellen Güter, die in ihrem Leben die weltlichen Dinge in einer falschen Art und Weise geliebt hatten, wurden dort gezüchtigt! Die Habsüchtigen und die Verschwender lagen mit dem Gesicht auf dem Boden und können sich nicht bewegen. Die Überhöhung weltlicher Güter wurde geläutert und die Frevler lernten ihr Begehren von Besitztümern, Macht oder hohen Positionen zu Gott hinzulenken. Die Maßlosen mussten in ständiger Enthaltsamkeit von Essen und Trinken Läuterung erfahren. Erschwert wurde ihnen dies dadurch, dass sie Seen von köstlichem Wasser passieren mussten, ohne einen Schluck zu trinken. Eine bestimmte Art von Wollüstigen, Geilen und Perversen wurden gereinigt, indem sie in einer riesigen Flammenwand brannten. Hier sollten die sexuellen Ausschweifungen, die die sexuellen Gelüste der Sünder von Gott ablenkt, überwunden werden. Durch die Flammenwand dieser Höllenabteilung mussten übrigens auch alle Sünder, die ihre Buße auf einer der niedrigeren Ebene abgelegt hatten, gehen, bevor sie den Läuterungsberg verlassen konnten.

Aber das war noch nicht alles. Es kam noch viel schlimmer. Denn dann sah ich sie. Die Gegengenien, eigens geschaffen für diese niedere Ebene. Sie bemerkten mich, und ein bösartiges Leuchten trat förmlich aus ihren Augen. „Malocchio", der böse Blick, könnte man ihn benennen. Nur im Gegensatz zu dem auf Erden, hatte er hier seine Auswirkung. Ich bekam Kopfschmerzen und musste meine Augen von dem Gehörnten abwenden. Darauf schrien die Dämonen mich an. Das war ein Gebrüll ohne Gleichen. Kein normal Sterblicher hätte so ein Brüllen ohne extreme Schäden überstanden. Nein, sogar der Astralkörper wäre von der gewaltigen Druckwelle seiner Macht zerfetzt worden. Zum Glück war ich mit meinem Schutzgeist Anufri hier. Mir lief es eiskalt den Rücken hinunter vom erlebten Grauen! Diese negativen Wesen legten nach Art des Schemens ihre Folter aus. Die Trägen konnten sich nicht bewegen, sie lagen in Särgen, die den Tod bedeuteten, gefesselt am Boden der Verwesung. Sie bekamen das alles bewusst mit, immer wieder und wieder durchlebten sie dieses Gefühl der Fäulnis. Manche Sodomiten, die sich beim Akt mit einem Tier auf Erden unendlich erregten, mussten hier ihren Phallus beim tierischen Geschlechtsverkehr blutig „reiben". Sie mussten immer und immer wieder den Akt vollziehen, immer wieder diese Schmerzen erleiden, bis sie am Rande des Wahnsinns angelangt waren. Sie wussten, nein, sie ahnten, dass sie keine Chance auf Genesung hatten. Fetischisten und andere perverse Abarten des Sexualtriebes fand ich vor. In dieser Hölle war das Groteske der schöpferischen Geschlechtsorgane ins Verkehrte projiziert. Das war des Menschen größtes Übel. Dämonen mit riesigen Organen, an allen Ecken und Enden Bilder und Statuen von grauenhaften sexuellen Ausschweifungen. Frauen die auf steinernen Riesen-Dildos regelrecht mit ihrer Vulva aufgespießt wurden und vor Schreien nicht mehr halt machen konnten, gingen mir durch Mark und Pein. Doch dem Gebrüll vor Schmerzen mischten sie auch Lust-Schreie unter, und man sah nicht nur Blut aus ihrer Vagina fließen, sondern auch ihren Lustsaft. Welch eine Perversion! All dies, was man sich vorstellen konnte, es könnte so sein, war hier Wirklichkeit geworden. Welch ein grauenhafter Anblick. Es flossen literweise Blut, Blut, welcher ein ganz besonderer Saft war. Blut, das Symbol für Akasha, wurde hier verschüttet. Göttlich-kosmisches Blut!

„Die Verschmutzung", begann mein Schutzgeist, „der feinstofflichen Körper des Menschen erfolgt aber nicht nur dadurch, dass der Mensch mit niedrigen, unreinen Wesen oder Dingen sexuellen Verkehr erlebt. Sie wird auch dann eintreten, wenn nicht unbedingt schlechte, charakterlose oder unreine Menschen, sondern einfach Unwissende mit vielen Liebespartnern nacheinander ohne Wahl, kreuz und quer, heute mit dem, morgen mit einem anderen, sexuellen Verkehr haben. Man kann auf einer Palette die schönsten, reinsten Farben zusammenstellen, trotzdem bekommt man eine trostlose Vermengung, wenn man sie alle miteinander vermischt. Die einst schönen Farben haben ihren reinen Charakter total verloren, und es ist nicht mehr möglich, sie zu erkennen. Wir können also verstehen, warum die Prostituierten alle diese typisch trostlose, unreine Ausstrahlung besitzen und warum sie ihren individuellen menschlichen Charakter vollkommen verloren haben, so dass sie von Weitem schon als Hure erkannt werden. Bei den Pornostars sowie anderen zügellosen Menschen ist dasselbe der Fall. Noch trauriger ist es, wenn auch von anständigen, guten Familien stammende, junge Mädchen und Burschen aus lauter Unwissenheit und Langeweile sich damit beschmutzen, dass sie sich ohne Wahl mit der ersten besten Person, die sie soeben kennengelernt haben, in sexuellen Verkehr einlassen und anderntags oder nach einer Woche schon mit einem anderen Partner, dann mit einer dritten oder einer vierten dasselbe tun. Wie viel Geduld, wie viel Mühe und Liebe und wie viel Zeit braucht es, bis die schlechten Eindrücke, die gesammelten seelischen Unreinheiten und das erschreckende Minderwertigkeitsgefühl aus so einer gebrochenen jungen Seele entfernt und eine neue Selbstachtung wieder aufgebaut wird! Und wer nicht Gelegenheit gehabt hat, diese Umstände persönlich zu beobachten, würde gar nicht glauben, dass die Partner und Partnerinnen, durch welche diese Verzweifelten sich aufgrund gemeinsamer sexueller Erlebnisse beschmutzt und verwahrlost haben, die gleichen schlechten, herunterziehenden Eindrücke ihr Eigen nennen. Die Personen beschmutzen sich gegenseitig, da alle von ihnen ein unreines tierisches Wesen in sich tragen, durch Gefühlsduselei und Verkennung von Liebe und Sex. Auch wird von solchen „Seelen" behauptet, dass die Schmetterlinge im Bauch die reinste Liebe sei. Aber macht nicht diese Form der Liebe blind? Der miteinander wahllos und rein leidenschaftlich erlebte Sexualverkehr als solcher lässt sie noch dazu zu blinden brünstigen Tieren werden.

Da der großen Masse der Jugendlichen immer und immer wieder die Vorzüge der Lust vonseiten der Psychologie, der Medien und der Umwelt vorgegaukelt werden, bleibt ihnen aber nichts anderes übrig, als sich durch sexuelle Eroberungen zu behaupten. Aus Langeweile, aus dem trostlosen Gefühl der Leere und des Nichts-leisten-Könnens werden sie in sexuelle Handlungen hineingetrieben. So wirken sie dann auch gegenseitig aufeinander verunreinigend und herunterziehend. Die meisten wollen die tief gehende gegenseitige Wirkung deshalb nicht anerkennen, weil sie alles das, was sich nicht in ihrem Bewusstsein, sondern in ihrem Unbewussten abspielt, nicht erkennen können. Man kann auch sagen, aus primitiver Naivität und Dummheit sind sie blind und erkenntnislos.
Jedoch im Unterbewusstsein bleiben die Dinge unverdaut und wirken deshalb oft im Menschen wie Gift. Die Folge davon sind seelische und körperliche Störungen, die Impotenz, unzählige Geschlechtskrankheiten und andere nervliche Probleme verursachen können.
Geist, Seele und Körper sind eine untrennbare Einheit. Es ist ein großer Irrtum, zu glauben, dass der Geist etwas erleben könnte, ohne dass der Körper daran teilnimmt, ohne dass der Körper es miterlebt – und auch umgekehrt. Alles, was mit dem Körper geschieht, wirkt über die Matrizen zurück auf die Seele und den Geist. Der Geist erlebt es mit, da es der Geist ist, der den Körper baut, lebendig macht und alles im Körper und durch den Körper selbst erlebt. Ohne den Geist ist der Körper eine gefühllose Leiche. Folglich fühlt und erlebt der Mensch auch das, was er in seinem Körper erlebt, im Geist, in seinem Selbst, in seinem Bewusstsein. Wenn das Bewusstsein ausgeschaltet ist – wie zum Beispiel während einer Narkose –, nimmt der Mensch das, was mit seinem Körper geschieht und was sein Körper erlebt, bewusst nicht wahr.
Der beste Schutz ist die Beherrschung jeglicher sexuellen Ströme. Denn die reine Liebe, die jeder Mensch braucht, hat nichts mit dem primitiven Sex zu tun.
Nun ist die Zeit gekommen, in der das Pendel wieder auf die andere Seite schwingt und die Menschen von dem künstlich gezüchteten Tierwesen wieder zu einem sauberen Menschentum zurückgeführt werden können. Viele verzweifelte Menschen kommen aus der Sackgasse, aus totaler Lebensunlust, ja sogar aus dem Trieb zum Selbstmord durch saubere, erhabene Denkungsart und Lebensweise in das normale Leben zurück. Verirrte Menschen glauben zu Unrecht, dass die einzige Rettung aus den verschiedenen seelischen Nöten unbedingt und allein eine zügellose sexuelle Lebensweise

und wahllose Kraftverschwendung sei.

Keiner sagt, dass sich durch die Beherrschung des Sexus ungeahnte Möglichkeiten kundtun. Reinheit, Unschuld, ja die sogenannte in allen drei Ebenen vorhandene Jungfräulichkeit bildet den Schlüssel zur magischen Macht. Aus diesem Grund ist es ja so schwer, Erfolg in magischer Beziehung zu haben, denn jeder will befriedigt werden oder andere sexuell glücklich machen. Hat nicht Meister Arion in seinem „Adepten" geschrieben: *„Wie leicht könnte dieser Schöpfungsakt, das Höchste, was es in der Welt gibt, zu einer Fleischeslust herabsinken, also zum Verderben werden. Die Vertreibung des biblischen Adams und der Eva aus dem Paradiese hat darin ihre höchste Symbolik. Der Magier, der sich an die höchste aller Praktiken (Sexualmagie) heranwagt, muss unbedingt die oberen wie unteren Ströme beherrschen, um sie zwecks eventueller Ladung in den Stein, also in seinen Talisman, zu versetzen. Würde man diese heilige Handlung durch Fleischeslust verunehren, träfe den Magier dasselbe Los wie Adam und Eva, welche die Früchte des Paradieses nicht mehr genießen durften."*

Der Stolz, die Überheblichkeit, lässt die Menschen noch mehr leiden, denn sie sind absolut uneinsichtig. Darum: Hochmut kommt vor dem Fall!", schloss Anufri seine Erklärungen.

Seltsame Wesen, mit ausgebreiteten Flügeln, Gesicht und Hals wie beim Menschen, den Bauch mit Federn und die Füße krallig, beobachteten uns während der Rede meines Schutzgeistes. Doch sie hockten nur im Busch und heulten, weil sie mein Freund bannte und sie dagegen nicht ankamen. Jetzt wurde mir auch die Bedeutung des Namens „Schutzgeist" bewusst, denn ohne ihn wäre ich in dieser Sphäre verloren gewesen.

Als ich weiter der Rede meines Freundes lauschte, bemerkte ich, wie Astral-Schnecken aus dem Boden hervorkrochen und mir die Lebenskraft absaugen wollten. Schleimige, widerliche Viecher. Ich strecke meinen Zeige-Finger aus und ein Blitzstrahl trat hervor und vernichtete diese ekeligen Ungetüme.

Ich betrachtete indessen den Boden. Ausgetrocknet und rissig war er hier. Bäche aus feurigem Eisen durchzogen die Gegend. Alles entzündend, was sich ihm in den Weg stellte. Plötzlich kam ein Feuerregen vom dunklen Himmel runter und setzte alles in Brand. Ein schauerlicher Anblick, an dem sich die Dämonen erfreuten.

Wir gingen weiter und sahen Menschen, Priester und Scharlatane im Kot ihrer eigenen falschen Rede schwimmen. Ein entsetzlicher Gestank tat sich kund. Mich würgte und ich erkannte, dass ich den Menschen gegenüberstand, die der falschen Rede und der schleimigen Aussagen gesündigt hätten. Ein Gestank der Niederwertigkeit von Nattern kam mir entgegen ... einfach furchtbar. Ich musste mich abwenden, denn bei jedem Wort das sie sprachen, kam der entsetzliche Geruch von menschlichen Kot aus ihren Münden. Mich widerte das an.

Nun kamen wir in „die Hölle der mit dem Kopf nach unten gekehrten", weil die Gefallenen Gold für ihren Gott hielten und davon nicht loskamen. Aus dem Loch loderten Flammen, welche ihnen nicht nur die Haare vom Kopf brannten. Das Feuer wurde immer wieder durch dunkle „Gestalten" angefacht.

„Der Kopf ist das Symbol der Gottheit – so rund wie die Sonne – und die Füße das Symbol vom Malkuth, das irdische Reich andeutend durch die 10 Zehen. Diese Strafe ist die Umkehrung der göttlichen Schöpfung, damit sie ihre eigenen Vergehen besser erkennen können", sagte Anufri.

Mein Beschützer machte eine kleine Pause und legte den Zeigefinger auf seinen Mund. Ich sollte schweigen. Denn ... es war so weit. Ich hatte viel von ihm gehört, dem Folterknecht der Hölle. Und dann sah ich ihn. Ich hörte, dass es ihn geben soll, doch getroffen hatte ich ihn noch nicht. Ein schauerliches Wesen war er, der Baal-Rok.

„Er existiert einzig und allein deshalb, um den Menschen die grauenhafteste Folter angedeihen zu lassen. Es bereitet ihm höchste Freude, die Schreie der Gequälten zu hören. Wenn man das Göttliche darin suchen will, dann muss man erkennen, dass es primitivste Untermenschen gibt, die sogar unterhalb eines Tieres stehen. Solch ein Dämon hat nun die Aufgabe, ihnen Erkenntnis durch das Foltern und das daraus entstandene Leid regelrecht einzuprügeln. Hier in der astralen Hölle läutert der Schmerz, wie pervers sich das auch immer anhört."

Ich konnte meinen Freund nur anstarren, zu mehr war ich nicht fähig. Begreifen konnte ich es nicht.

„Du weißt ja, dass einige Okkultisten sagen, dass es Menschen gibt, die bis zu 800 Jahre, nach anderen 1500 Jahre unnütz verschwendete Zeit in der Astralebene verbringen, ohne auch nur einen Funken zu lernen. Es besteht selbst kein Interesse auf eine Wiederverkörperung. Sie würden nur noch mehr ihre Leidenschaften frönen und im nächsten Leben grausame Dinge tun, dessen karmische Wirkung erst in tausenden von Inkarnationen durch Leid und Schmerz abgetragen werden kann. Was wäre das für eine Entwicklung. Aber dafür gibt es den astralen Schmerz, der der falschen Einstellung eine positive Veränderung gibt!"

In einer anderen Ebene der Hölle erblickte ich viele zusammen- gewachsene Seelen – immer ein Mann und eine Frau –, die hoffnungslos herumhüpften und sich trotz äußerster Anstrengung nicht voneinander befreien konnten, worunter sie unsagbar litten. Zur Zeit ihres Erdendaseins waren sie nur durch körperliche Liebesbeziehungen eng verbunden, nicht aber durch wahre Liebe und tiefere Zusammengehörigkeit. Tierischer Selbstzweck und rohe sexuelle Sinnlichkeit waren der Anlass ihrer Begegnung. Deshalb band sie nun ihre eigene verunreinigte seelische Aura, und auch die fortgesetzte unauslöschbare Erinnerung an ihre Tat, unzertrennlich für die Unendlichkeit. Dadurch verstand ich die Schöpfung eines Baal-Rok's.

Blasen aus Pech kamen aus dem Boden, es sprudelte nur so vor sich hin. Alles war klebrig-giftig anzusehen und unter meinen Füßen fühlte es sich lebendig an. Alles bewegte sich und schien zu brodeln. Da stand er. Aus dem Nichts schien er zu kommen. Ein pechschwarzer Dämon mit riesigen Flügeln. Dichter schwarzer Rauch drang aus ihm hervor, dessen verpesteter Gestank den Tod verursachen würde, wenn er sich in der Stätte der Lebenden verbreiten würde. Ein Getöse wurde hörbar, das dem eines reißenden Sturzbaches aus Flammen glich. Einen Schrei nahm ich wahr, der mir das Blut in den Adern gefrieren ließ. In seinen Krallenhänden trug er eine arme Seele, die von den langen Nägeln seiner „Hände" aus mehreren Stellen blutete. Sie lag auf seiner Schulter, so wie ein Sack Kartoffeln – ein anderer Vergleich fiel mir nicht ein.

Der Teufel brüllte ihn an: „Hilf dir selbst, dann hilft dir Gott – aber du hast hier keinen Gott – so kann dir auch keiner helfen! Was für eine Gerechtigkeit ist das denn, derer du dich rühmst? Du hast die Menschen nicht beachtet! Du hast deine Tugend auf materielle Schätze gerichtet, anstatt auf die Götter! Dein Gottesdienst war der Verehrung von Gold gewidmet anstatt dem göttlichen Wesen. Denn du wolltest die Frucht der eigenen Tugend genießen. Du warst dir dein eigener Gott. Doch die wahren Götter vernachlässigst du, die alles für die Menschen erschufen und nichts für sich selbst. Du hast sie vergessen, deshalb werden sie dich auch vergessen. Sie werden dich dir überlassen, da du dir selbst gehören wolltest in deinem Leben und nicht ihnen! Nun bist du allein mit dir selbst, der du dein Abgott warst. Folglich musst du lernen, dass es keine Tugend ohne den Respekt vor den Göttern und Liebe zu ihnen gibt, denen man alles verdankt. Hier in der Hölle wird deine Untugend entlarvt. Hier kehren die Flammen des Leides all ihre oberflächlichen Taten in die niederen Aspekte deiner Persönlichkeit um", und er lachte erschütternd und hört und hört nicht mehr auf. Er warf

den Leidenden auf den felsigen Boden, dass es nur so krachte. Der Mensch hatte eine unsägliche Panik in den Augen. Er flehte, jammerte, aber das negative Wesen hatte hierfür keine Ohren.
„Ich hohl mir gleich noch andere von deiner Sorte, dann könnt ihr euch gegenseitig bemitleiden. Haha."
Mir wurde übel von diesem niederträchtigen Lachen. Das merkte der Baal-Rok und wandte sich mir zu.
„Sei froh, dass du kein Sünder bist, denn sonst hätte ich dich schon längst zerrissen …".
Ich zitterte und war mir gewiss, dass er es ernst meinte. Ich leitete die Stille ein, um mich wieder unter Kontrolle zu bringen. Ich wurde langsam aber sicher ruhiger. Doch …
„Nein, tue das nicht. Wenn du die Gottesform hier annimmst, würdest du durch deine Ausstrahlung hier alles zerstören. Aus diesem Grunde bin ich mit dir in diese dunkle Ebene gegangen. Ich schütze dich. Mach dir keine Sorgen."
Ich hörte auf meinem Führer. Er hatte immer recht.
Das merkte der Dämon und drehte sich um und kam mir näher. Ein Feuerregen trat aus seinem Maul, Flammen spien aus seinen Nüstern und seine Augen verschossen Blitze in meine Richtung. Ich war starr vor Angst, durfte mich ja nicht wehren. Ich war ein stiller Beobachter. Doch Anufri machte eine Geste, die Geste der Dämonenbannung. Er streckte ihm Zeige- und den kleinen Finger entgegen. Es blitze auf, ein Licht tat sich kund, wie man es hier nicht kannte. Das schmerzte dem Dämon ungemein und augenblicklich erstarrte der Teufel, die Flammen gingen zurück und wichen kurz vor meinem Körper ab. Er schrie, wie als wenn man ihn ermorden würde.
Wütend stampfte er: „Pass nur auf, dass du keinen Fehler machst, denn dann ziehe ich dich zu mir herunter und werde dir dein Mark aus deinen Knochen saugen und dir in deine hässliche Fresse spucken. Du erbärmlicher Wurm", und er bäumte sich mit seinen fünf Metern Größe vor mir drohend auf und war verschwunden. Ich hingegen war dermaßen erleichtert, dass ich mich erstmals setzen musste, und eine kleine Pause bedürfte. Anufri sah das ein. Es war kein Wunder, dass sich der Durchschnittsmensch nicht mehr an seinen Aufenthalt im „Astralen" erinnern konnte. Das wäre viel zu schrecklich für ihn. Erst wenn er die Reife, Verständnis, die weise Einsicht in diese Dinge hatte, ist es im möglich, so etwas zu erschauen.
„Weniger bekannt dürfte sein, dass bei Menschen, die zu lange und zu tie-

risch gelebt hatten, die keinen Funken für ihre Entwicklung taten und nur zum Genuss ihrer tierischen Leidenschaften lebten, im Astralen die innere Form nach außen tritt. D. h., dass der Charakter und seine Mentalität, seine eigentliches Ich, die tierische Gestalt annimmt, die es verkörpert. Genauso wie bei den Dämonen eine tierische Erscheinung vorliegt, gibt es dort in den niederen Sphären Gegenden, wo die Menschen hausen wie die „Schweine", so sagt man umgangssprachlich.
Selbst in unserer irdischen Welt gewinnt das Gesicht eines verschmutzten, verkommenen und versoffenen Gewalttäters mit der Zeit ein äußerst abstoßendes Aussehen; was kann man da in der Astralwelt, wo die bildsame Astralmaterie unter jedem Impuls seiner verbrecherischen Triebe Gestalt annimmt, anderes erwarten, als dass ein solcher Mensch eine schreckenerregende Hülle trägt, die immer wechselnde Elemente seiner Scheußlichkeit zeigt.
Einige verkörpern den Geiz, die Gier, die Wut, den Zorn usw., was sich in tierischer Form äußert. Es laufen Menschen in tierischer Gestalt herum, die schlimmer als die niedersten Viecher sind," nickte mir mein Führer zu.
Die jenseitige Hölle wurde als ein Ort beschrieben, der sich in der Finsternis befand, über welche die Sonnenbarke des Gottes Ra hinüberfuhr. In dieser Höllenwelt herrschte Chaos, alles war im wahrsten Sinn des Wortes auf den Kopf gestellt. Das gestürzte Pentagramm herrschte hier vor!
„Der Unmensch wird von einem dunklen Engel abgeholt, der ihn in seine ebenso dunkle Ebene bringt, wo er seine astrale „Zeit" absitzen muss. Man kann sagen, dass er vor ein Höllengericht kommt, das ihm Angst und Bange macht, damit er weiß, was er verbrochen hat. Er wird aufgeklärt und bekommt seine gerechte Strafe. Das sind die Saturn-Richter, die über das Schicksal schalten und walten.
Selbst wenn die Unmenschen den zweiten Tod im Astralen sterben, wenn ihr Astralkörper sich aufgelöst hat, so fallen sie nicht in eine tiefe Ohnmacht, weil Zeit und Raum schwinden, sondern aufgrund ihrer starken Einbildung und Suggestionen leben sie in ihrer imaginativen Welt der reinsten Illusion, aus der es keinen Ausweg für sie gibt. Wie oben, so unten – sagte schon der überaus weise Hermes Trismegistos. Ihre Leidenschaften sind so stark, dass sie einen eigenen Kosmos erschaffen, gebunden an Raum und Zeit, sodass sie in ihm „ewig" leben können. Aber ist das Entwicklung? Nein, das ist Involution, Rückentwicklung und der Schöpfung konträr," ergänzte mein Freund.
Während er sprach, musste ich mit ansehen, wie ein verurteilter Mensch,

eine arme Seele, in die Hölle geworfen wurde.
„Den Tugendhaften, wenn er diese materielle Erde verlässt, empfangen seine guten Werke wie z. B. seine liebevollen Verwandten. Ganz anders werden die Sünder behandelt", sagte Anufri. „Hohe Eingeweihte werden von Wesen der Reinheit in die astralen Reiche überführt, um ihnen die Heimat schmackhaft zu machen. So wurde z. B. Ariane persönlich von der Ur-Vorsteherin Immicat abgeholt und nach Shamballa gebracht."
Plötzlich vernahm ich ein donnerndes Schreien. Dies riss mich aus meiner Betrachtung.
„Erhebe dich Sünderin, deren Gewohnheit es war, niemandem etwas zu spenden und jeden durch falsche Aussage und sexuelle Angebote das Geld aus der Tasche zu ziehen. Wir wollen dich zu den verschlossenen Höllentoren führen", sah ich die Boten des Höllenfürsten sprechen, zwei rothaarige Monster mit fletschenden Zähnen. Zunächst kamen sie zu einem prächtigen Palast, der mit Menschen angefüllt war und in der Farbe der Sonne glänzte. Die Frau erfreute sich, wusste aber nicht, warum sie den Palast sah. Die Schergen lachten darüber, denn sie wollten ihr nur ein Bild vorgaukeln, dass sie niemals erreichen würde.
„Wer wohnt in diesem Palast?", fragte die Sünderin.
„Er gehört dem Inder Nandiya, einem Anhänger des Buddhismus aus Benares, der sehr freigebig war und jedem Menschen half. Weil er als Belohnung die Freiheit, sprich, in die höheren Sphären Eingang erlangt hatte, ergötzt er sich in diesem Palast", erwiderten die Gehilfen.
„Ich bin seine Frau, ich war mit ihm verheiratet", sagte die Sünderin. „Deshalb ist es mein Recht, dass ich in diesem Palast wohnen kann."
„Das ist unmöglich, weil für dich eine viel niedere, unreinere Ebene vorgesehen ist, weil du in der stofflichen Welt nichts Tugendhaftes getan hast, keine edlen Taten verzeichnen konntest, im Gegenteil. Dafür bekommst du jetzt deinen Lohn!", lautete die Antwort ihrer Begleiter.
In weniger als eine Sekunde änderte sich die Umgebung und sie schrie vor Entsetzen auf.
„Welch ein Schmutz, Dreck und Verfall herrscht hier vor. Es stinkt nach Kot und Urin, nach verfaultem Fisch, wie wenn Frauen ihre Tage haben! Ekelerregend! Wie sehr stinkt das alles hier! Das kann ich nicht aushalten, bringt mich raus hier, ich bitte euch, helft mir", jammerte die Frau.
„Das ist die tiefste Hölle, wo die Menschen nur Leid und Schmerz erfahren können! Tausend Jahre wirst du hier verbringen, bis du deine Fehler mit Haut und Haar gesühnt hast, du erbärmliches Weib! Erkenne deine

Schuld!", lachten die beiden scheußlich anzusehenden Wesen.

„Wie ist denn nur diese Hölle entstanden, wo ich so grausam gefoltert werde?", fragte sie zitternd.

„Hilfesuchende Leute, religiöse und ehrliche Menschen und andere Bittsteller hast du durch falsche Reden getäuscht. Diese Verfehlung ist von dir begangen worden. Durch solche Taten, Ego-Gefühle und Gedanken ist diese Hölle entstanden. Man schneidet dir deswegen die Hände, Füße, Ohren und die Nase ab. Raben, die in Scharen herbeikommen, fressen dein noch zuckendes Fleisch!"

„Bitte, helft mir hier raus! Bitte! Ich will alles wieder gut machen. Viel Gutes will ich tun! Bitte, lasst mich hier nicht zurück."

Doch bloßes Lachen war die Antwort, womit man ihr den Hohn ins Gesicht schleuderte.

Doch die so jammernde Frevlerin warfen die Gehilfen des Höllengottes kopfüber in die grausige Sphäre.

Kurze Zeit später zeigte mir Anufri das Gegenteilige, das meinem stark mitgenommenen Mentalkörper guttat. Ich hatte eine kurze Begegnung mit einem Magus, der einen Unmenschen aus Mitleid aus der Hölle holte. Eine unbeschreibliche Lichtgestalt war zu sehen, welche sich hier unten in der Hölle manifestierte und sämtliche Dämonen und Folterknechte blendete. Ein Schreien und Brüllen war zu hören, ein Fluchen der schlimmsten Worte der Macht war zu vernehmen, denn wer solch ein Dämonengebrüll erfährt, dem platzt förmlich das mentale Trommelfell. Er entriss dem Dämon den Menschen, schlug mit seinem magischen Stab auf den Boden, dass Lichtblitze aus dem Höllenschlund sich auftaten. Der Dämon schrie fürchterlich, war geblendet, denn das reine Licht des Magiers verursachte ihm stärkste Quallen. Er verbarg seine Augen vor der Helligkeit, die durch ihre Intensität auf seiner runzligen Haut brannte, und als das Licht wieder abebbte, war der Magier mit seinem Freund verschwunden.

„Anufri, bitte erkläre mir eingehend die Schöpfung und den Zweck der negativen Wesen in dieser niederen Welt. Ich kann es einfach nicht begreifen."

„Gerne. Dass die Gegengenien und ihre Gehilfen eine herausragende Stellung in der Hölle besitzen, ist bereits aufgrund ihres Aussehen nachvollziehbar. Den gefallenen Engeln hat Gott nicht ihr Wesen oder ihre Macht genommen, sondern nur ihren himmlischen Rang in den höheren Sphären. Denn ein Sprichwort sagt: Gleiches zu Gleichem. Sie können nur hier in der Hölle leben. Man muss sich die Hölle als ein Reich vorstellen, das ähn-

lich wie die erhabenen Sphären aufgebaut ist. Alles besteht aus den vier Elementen, nur ihre Qualität ist eine andere, eine viel dichtere und dunklere. Viele Dämonologen beschreiben so in ihren Werken den Aufbau dieser höllischen Welt. Das als „Teufel" bezeichnete Wesen, den sie Kaiser Luzifer bezeichnen, regiert mit Hilfe der sieben Könige Baal-Zebuth, Pursan, Byleth, Paymon, Belial, Asmodai und Zapan über Dämonenränge der 23 Herzöge, 13 Markgrafen, zehn Grafen, elf Präsidenten, zahllose Ritter usw., die zusammen 6666 Legionen umfassen, von denen jede aus 6666 untergebenen Teufeln bestehen. Sein Reich ist von unendlicher Größe und er hat noch viel mehr Untertanen. Aber sieh selbst, denn wir werden ihn nun aufsuchen, sodass du ihm persönlich Fragen stellen kannst."
Ich war erstaunt. Sollte es normalerweise nicht so sein, dass nur ein ausgezeichneter, reifer Sphärenmagier es wagen durfte, vor diesen dunklen „Gott" zu treten, kam mir der Gedanke.
„Ja, aber dir wurde das gewährt, weil du nach Wissen und Weisheit strebst."
„Ich bin außerordentlich dankbar für diese hohe Gnade."
Ich verneigte mich vor Anufri, welcher uns zum Mittelpunkt der Hölle versetzte. In Luzifers Reich!
Da standen wir nun. Im Reich des Dämonengottes. Vor uns sahen wir ein enormes Reich, in der unzählige negative Diener des Gottes ihre kleineren Paläste hatten, in denen sie ihre Aufgaben erfüllten. Jeder dieser „Villen" hatte einen Tempel, in dessen Mitte das Bildnis des Luzifers hing, mit dem er ihnen in ihrer Verbundenheit seine Aufträge übermittelte. Dann wurde entweder quabbalistisch gesungen, dessen Töne alle tief und disharmonisch klangen, so wie wenn eine Geigensaite verstimmt war. Ich sah dunkle trübe Farben in deren Tempeln aufschimmern, mit denen sie ihr negatives Werk vollbrachten. Oder viele dieser Dämonen-Diener verbanden sich auf perverse Weise sexuell mit den Dämonenweibern und schöpften dadurch grausame Ursachen. Jedes ihrer Handlungen entsprach vollkommen deren Auswirkungen.
„Azon, schau mal hier hoch", riss mich plötzlich mein Guru aus meiner Vision.
„Sieh!", sagte er nochmals, und deutete auf einen weit entfernten riesigen Berg, auf dessen Spitze ein unheimlicher, grell-goldener Tempel hoch oben auf einem schroffen, steilen Felsen stand. Ein grausamer Anblick. Die gewaltigen Türme des Palastes erglühten dunkelrubinrot, die einem Tempel glichen, in dessen Mitte sich ein riesiger Mittelbau befand, mit vier umge-

benden Säulen. Ringsum hatten die vier Prinzen des Dämonenkönigs ihre Paläste. Das Licht dieses Haupt-Palastes verbreitete im gesamten Reich seinen zerstörerischen Einfluss, unter dem alle Untergebenen Luzifers ihre Aufgaben tätigten. Die Tempel-Schwingung überlagerte die dunklen Flächen des Reiches. Es war ein merkwürdiger Glanz. Uns fiel auf, dass wir bei jedem Schritt unserer Füße tief in gelben Wüstensand einsanken, der den Boden in dicken Lagen bedeckte. Ein atemraubender giftiger Schwefeldampf, der in der Luft hing, drang versengend, wie der mit Feuer durchsetzte Rauch eines ungeheuren Hochofens auf mich ein. Wir wählten den Fußweg, denn dadurch konnte ich noch einiges mehr erblicken, was mich interessierte. Myriaden von Geistern in allen Farbschattierungen, alle möglichen Dämonenrassen und Rangordnungen, gekennzeichnet durch die Pracht ihrer Kronen, sahen wir mit allerlei Arbeiten beschäftigt. Überall und an allen Gebäuden machte sich die Symbolik von Vernichtung, Niedergang und Verfall bemerkbar. Da gab es keine harmonisch runden Formen, nur zackig, kantig und spitz nahmen wir wahr. Die ganze entsetzliche Szene wurde von den mächtigen Fackeln auf den Türmen erleuchtet, wenn ihr grellrotes Licht durch die endlose Finsternis blitzte.

Abrupt blieb ich stehen, denn ich stand nun vor einem großen Abgrund. Man konnte den Boden am Grunde dieser klaffenden Wunde des Landes nicht sehen, er verlor sich in der gähnenden Schwärze. Das darin brodelnde Lava verbreitete eine enorme Hitze. Als ich genauer hinunterblickte, sah ich schemenhafte Gestalten, die wie fliegende Schatten im Abgrund hin und her tanzten. Ein Schauder lief mir über den Rücken und ängstlich wandte ich den Blick wieder gen Horizont, wo der grell-goldene Palast, dessen Mittelpunkt in gewisser Weise einer Pyramide glich, sich majestätisch erhob. Aber dieselbe machte keinen harmonischen Eindruck, sondern sie trug perverse Züge, denn das Licht und die Symbolik verrieten Disharmonie. Abermals genügte ein Gedanke und wir standen vor den Toren dieses unheimlichen Bauwerks. Erst jetzt erkannte ich, dass die gesamte Festung aus einer Art Gold bestand, das einen eigenartigen Schimmer hatte. Es war nicht rein, obwohl es glänzte und funkelte. Es waren eigenartige „Flecken" drin zuerkennen, die beim herkömmlichen Gold nicht vorhanden waren. Welch schrecklicher Fürst mochte hier wohl auf seinem Thron sitzen? Die Spitze der Pyramide hatte eine leuchtende Verzierung, welche auf ein Atom hin aufgebaut war. Darin sah ich, wie sich die astralen Winde verfingen und sich in einen dunklen Farbenregen ergossen. Der Wächter des Eingangstores forderte mich auf, dass ich die Zeichen und Worte des Einlasses machen musste. Ich gab im die Thor-Runen-Geste bzw. das Zeichen des quabbalistischen Buchstabens, welcher mir den Eintritt gewährt. Dies symbolisiert das „Gold- und Pechtor" in den Sphären. Ich sprach dabei das Schöpferwort, welches ein Aufleuchten bewirkte. Man konnte sagen, dass damit auf die beiden Himmelsschlüssel von Petrus angedeutet wird, mit deren Hilfe man die Polarität des Makrokosmos erlangte. In den altägyptischen Totenbuch steht dazu: „Und nennest du mich nicht bei meinem Namen, so kannst du das Tor des Himmels nicht durchschreiten", was auf das Gleiche hinweist.

Plötzlich öffneten sich die gewaltigen Tore mit ohrenbetäubendem Gesängen. Es sah aus, als ob die Gemälde der Pforten, die darin verschlungen waren, lebten und sich bewegten. Die Formen, Figuren und Abbilder verzerrten ihre Münder bei unserem Anblick und Hass stach aus ihren Augen. Vorsichtig schritten wir durch den Eingang und blickten uns mit Unbehagen um. Mir bot sich ein grotesker Anblick. Ich stand in einer Halle, an dessen Wänden dämonische Figuren und negative Symbole eingemeißelt waren, welche vibrierten und Farben versprühten. Drumherum standen mächtige Säulen, die wie das gesamte „Schloss" aus Gold bestanden und die Decke stützen. Es waren insgesamt 78 gold-glühende Säulen. Mein Führer und ich gingen weiter dem Mittelpunkt zu. Da bemerkte ich erschrocken, dass sich die Tore hinter ihm lautlos geschlossen hatten. Links und rechts waren Opferschalen mit brennenden Öl, die mit den Fackeln an den Wänden ein wenig diffuses Licht verbreiteten.

Im Raum des dunklen Gottes, der riesige Ausmaße hatte und die unglaubliche Allmacht des Luzifers andeuten sollte, stand an dessen Ende ein wunderschön anzusehender Thron, flankiert vom zwei weißen Marmor-Säulen. Vor dem Altar waren drei Stufen zu sehen, so wie es in der „Evokation" des Meister Arion abgebildet ist.

„Du wirst sicherlich bemerkt haben, dass die gesamte Symbolik universell ausgerichtet ist, aber rein negative Aspekte des Seins verkörpert", sagte Anufri zu mir.

Ich konnte nur leicht nicken, denn ich war zu sehr erstaunt von dieser gigantischen Pracht. Ein schwerer, dunkelroter Vorhang, welcher sich hinter dem Thron befand, verbarg eine mit Verzierungen geschmückte wunderschöne schwarze Tür. Diese deutete auf das dahinterliegende Akasha, mit welchem der Dämon immer in Verbindung war und wovon er seine Gedanken, seine Intuition und seine Aufträge bekam.

Der Thronsaal war insgesamt nur schwach beleuchtet. Ein roter Teppich führte vom Eingang bis zum Podest auf dem dieser juwelenbesetzte, schwarz-goldene Thron stand. Darauf saß ein sehr hübscher, junger Mann mit langen blonden Haaren. Sein Gewand schien aus reinster Seide zu bestehen, es war ebenfalls Golden mit dem Schimmer von Unreinheit. Auch waren seltsam geschwungene Feuerzeichen in violettrot aufgestickt. Es hatte die Form eines altertümlichen Gewandes, welches oben eng anlag und unten sich weitend dehnte, und in spitzen Zacken auslief. Der umgeschlagene Saum endete in einem Bund. Auch die Ärmel hatten große Öffnungen, wie man es von den Kleidern aus dem Mittelalter kannte. Über dem Haupt des Dämons schwebte als Krone ein gestürztes umgekehrtes Pentagramm, aus wunderschönen Onyx, dem Unglücksstein, so schien es jedenfalls. Dies deutete auf seine Göttlichkeit hin.

Jetzt bemerkten wir, welch Tücke in den Augen Luzifers lag, und wir konnten sie nicht lange ertragen, ohne ihren Verlockungen zu widerstehen. Seine Macht in seinem Reich war ungebrochen. Der Dämon sagte alles in einem beängstigend ruhigen Tonfall, doch die Schwingung die er erzeugte, ließ mich am ganzen Leib erzittern. Die Bilder an den Wänden bewegten sich im Rhythmus seiner Worte. Sie bekamen unheimliches Leben, alles trat in Gang und Schwung. Unfähig etwas zu erwidern, starrten wir beide auf den Boden. In dieser großen Halle, besser gesagt Empfangshalle, fühlten wir uns unsagbar klein, so klein wie nie zuvor.

Nun standen wir vor Luzifer. Ich kann meinem Entsetzen keinen Raum geben. Mir fehlen die Worte, seine Gestalt richtig im Astralen zu beschreiben. Er war „enorm", monströs, gigantisch. Er war ein göttlich-dämonischer Titan. Der Kaiser der Unterwelt, der Herr der Materie, der Gott des gequälten Schattenreiches. Der Lichtträger, der erste und schönste Sohn Gottes, der gefallene Engel, der in die kalte und dunkle Tiefe versunkene ... er hatte viele Namen. Alle kennzeichneten ihn, den Großen! Er war allen Leides Urquell. Wenn ein Bruder des Lichtes auf Erden etwas zum Wohle der Menschheit vernichten wollte, kam man an ihm nicht vorbei. Aluna, meine Frau, sah selbst Ariane mit ihm seinen magischen Lieblingswalzer tanzen, damit er dem Vorhaben zustimmte. Er trug dabei schwarzen Frack, Fliege und ein weißes Hemd; der Boden im Saal war mit schwarz-weißen Marmorfliesen belegt. Wunderschöne weiße Säulen verkleideten den abgedunkelten Raum, ein Kronleuchter hing an der Decke mit vielen glitzernden Perlen. Schönste rituelle Musik erklang im Raum, der auch der „Teufelswalzer" genannt wurde. Ariane trug ein helles Ballkleid mit einem göttlichen Diadem auf dem Kopf. Das enge Kleid hatte sie an einer Schleppe

hochgehalten. Luzifer hingegen hatte einen dunkelschwarzen Onyxring am Mittelfinger seiner rechten Hand, der seine zerstörerische Form ausdrückte. Aluna war darüber sehr verblüfft, und sprach den Dämon an, da er so gut, edel und berauschend aussah: „Hast du auch eine Geliebte?"
Er guckte sie ganz böse mit seinen hellblauen feurigen Augen an und erwiderte: „Ich habe viele Geliebte, die mir verfallen sind!"
Denn Luzifer verkörperte die Umkehrung der göttlichen Dreifaltigkeit, die er uns nun demonstrierte. Seine schöne Gestalt verwandelte sich symbolisch gesehen in drei Gesichter: Vorn, ein blut-rotes, das Gegenteil der All-Güte, den Ur-Hass; das rechte weißlich-gelb, die Ohnmacht, der Allmacht entgegengesetzt; das linke Gesicht war schwarz, der Gegensatz zur Allwissenheit – die absolute Unwissenheit. Zwei mächtige Flügel begangen sich aus seinem Rücken emporzuheben, riesig anzusehen. Es waren die Flügel des Nachttieres einer Fledermaus. Somit stellt er den Mittelpunkt der Hölle dar, die Mitte der Zerstörung, denn alles hatte eine Mitte, von wo es aus erschaffen wurde.
Der Dämon begann höhnisch zu lachen. Wir beeilten uns, sodass wir so schnell wie möglich diesen Palast wieder verlassen konnten. Der zerstörerische Einfluss wäre zu stark für mich gewesen. Ich hätte diesem nicht länger standhalten können. Wie mächtig und gewaltig war die Kraft und Ausstrahlung dieses Lichtträgers. Mir wurde zum ersten Mal so richtig bewusst, welche Schöpferkräfte da am Werk waren und wie sehr sich die Menschheit täuschte, wenn sie sagt, dass dieses Wesen nicht existiert. Darüber lächelte selbst der Dämon nur schal, denn diese Dummheit der Menschen ließ ihn kalt. Sein kurzer Anblick genügte mir für heute völlig. Das, was ich wahrnehmen konnte, war mehr als erwartet. Sein Bild wird mir noch lange im Kopf rumschwirren.
Ich zitterte vor Angst, denn ich wusste, dass dieses Wesen im Auftrag der Göttlichen Vorsehung erschaffen wurde und seine Bestimmung hatte. Er war der Gebieter über Tausende von Dämonen, der Herr der dunklen Sphären. Dort hatte er das Sagen.
„Seine Aufgabe", erklärte mir mein Schutzgeist, „war nach Platon, Strafen über die frevelhaften Menschen zu verhängen, von denen es sehr viele gibt. Wenn die Vergehen noch „heilbar" sind, werden die Seelen durch einen zeitweisen Aufenthalt im Jenseits bestraft, damit sie durch Schmerz und Pein von der ihnen anhaftenden Ungerechtigkeit befreit werden. Diejenigen Menschen, die besonders schweres Unrecht begangen haben und sozusagen „unheilbar" geworden sind, müssen für alle Zeiten als abschreckendes Bei-

spiel in der Unterwelt bleiben und büßen. So sagt man es ihnen, damit der Schrecken und das Entsetzen noch größer werden. Dazu gehören besonders die ungerechten Herrscher und Tyrannen. Der Aufenthalt im Elysium, in der reinen Lichtwelt, und die Dauer der zeitweisen Strafe für diese astralen Wesen, die wegen geringerer Vergehen in den Hades, in die Unterwelt, kamen, wird mit 1000 Jahren angegeben. Danach müssen die guten und die schlechten, aber heilbaren „Seelen" eine neue Daseinsform wählen. Diese Wahl ist abhängig vom Wesen und Reife des Individuums, ob sie noch eine Erinnerung an ihre einstige göttliche Herkunft hat, oder von den Erfahrungen ihres früheren Aufenthaltes auf Erden. Es besteht also nach manchen hermetischen Philosophen ein enger Zusammenhang zwischen einer Seele und ihrem materiellen Leib in einer irdischen Inkarnation. Die meisten Menschen durchlaufen eine Reihe von irdischen Verkörperungen, die auch die Gestalt eines tierischen Menschen mit einschließen kann. Davon sind solche Menschen betroffen, welche die Erinnerung an ihren göttlichen Ursprung völlig vergessen haben. Das Ziel aller menschlichen Wesen ist es, sich von der irdischen Daseinsform zu lösen und zum Schöpfer des Kosmos zurückzukehren, von dem sie auf die Erde zur Reifung herabgesandt wurden."

Neben Luzifer sah ich auch einen sogenannten Luziferaner, einen Menschen, der einen Pakt mit dem Lichtbringer einging. Er kniete zu seiner linken am Boden, sein Haupt tief gebeugt vor der Macht seines Herrn. Hellsichtig erkannte ich an den goldschimmernden Farben der vier Elemente, dass seine Vierpoligkeit universell ausgelegt war. Kopf feuerrot, Brust hellblau, wassergrün war der Bauch und die Beine waren im schönen Braun. Nur das finstere Licht Luzifers spiegelte sich in ihm und hinterließ einen dunklen Schatten in seinem Astralkörper. Mentalisch war er absolut verwirrt, verdreht, seine Matrizen waren nicht in Balance, denn diese Schwingung im Tempel Luzifers konnte kein Unausgeglichener lange ohne Schaden aushalten.

Ich sprach mit ihm. Er erklärte sich: „Du musst wissen, dass ich zuerst für den Priesterstand bestimmt war. Dass die Wesenheiten, die zu Beginn versucht haben, meinen Wissensdurst zu stillen, mehr den dunklen als den lichten Kreisen angehörten, kommt daher, da mein Wissensdurst mehr egoistischer Natur war, und ich kaum die Absicht hatte, mit der erworbenen Weisheit meinen Mitmenschen nutzen zu wollen. Ich wollte alles nur für mich haben. Überdies wollte ich herrschen und alles beherrschen, ohne einen Funken Gnade. Ein unbarmherziger Meister wollte ich sein, so wie

die Menschen auf Erden das absolute Herrschertum erfassen. Auf Erden hatte ich alles, jeder Wunsch wurde mir erfüllt, keiner kam ohne Schaden davon, wer meine Befehle missachtete. Und nun? Nach dem Tode kam ich auf den Astralplan, der eigentlichen Heimat. Aber in dieser dunklen Sphäre hast du mich nun gesehen. Als Sklave meines Gottes, der ich auf Erden ein großer Logenmeister war, ein tyrannischer Herrscher, ein Despot aus alten Zeiten, wo ein solcher, niemandem verantwortlich für sein Tun, eine unbeschränkte Macht in seinem Reich ausübte. Ich ging nach dem Gesetz des „Tu was du willst" vor. Und wo stehe ich jetzt? Du hast bei mir alle bösartigen, unmenschlichen und brutalen Eigenschaften, die einen Dämonenverehrer groß und einen Zauberer dem Schein der Unbesiegbarkeit geben, in höchster dämonischer Entfaltung gesehen. Ich vergöttlichte meine niederen Leidenschaften, wie ich es meinen vielen Fratres in der Loge empfahl. Heutzutage üben sie noch diese Praktiken aus und ich muss dafür die Konsequenzen tragen! Wer nicht selbstsüchtig ist, würde sich nicht wünschen, auf Kosten seiner schwächeren Mitbrüder und Schwestern groß zu werden. Nur jemand, der so raffgierig ist nach Macht und Weisheit, wie ich es war, wird den größten Teil geistiger Güter für sich beanspruchen, und mit ansehen, wie andere Suchende nach Wissen wahrlich neben mir verdursten. Das war mein inneres Wesen, das Wesen eines dunklen Bruders, eines vom Schein des Lichtes Verblendeten!
Wenn man sich mit wahrem Ernst und all seiner Kraft um die Gottheit bemüht, dann hilft sie einem in der Entwicklung weiter. Das wusste ich nicht, denn ich wollte schnell an materielle Besitztümer, anstatt eine fruchtbare Verbindung mit meiner Gottheit einzugehen.
Es gibt viele gute aufklärende Schriften, die einen reinen und mittigen Weg aufzeigen. Die von Meister Arion sind die besten. Aber was nützt das alles, wenn du aufgrund deiner egoistischen Mentalität darin etwas anderes erblickst als die Wahrheit. Dein Inneres lässt das Wahre ins Falsche verzerren und umgekehrt. So verdrehte ich die reine Lehre und meine „Magischen Briefe" zeugen davon in ungeahntem Ausmaße. Und dafür muss ich heute noch Karma abtragen. Ich wusste, dass man nur durch Elementeübungen zur Erkenntnis kommen kann, hab das aber in meinen Schriften weder betont noch hervorgehoben. Außerdem hatte ich eine gewisse vorgeburtliche Reife, eine gewisse Erfahrung aus vergangenen Inkarnationen, aber selbst dies verschwieg ich, denn meine Schüler sollten nichts Sinnvolles lernen.
Ich schaffte es, mich zu vergöttlichen und infolgedessen einen kleinen Einfluss auf den Fürsten der Finsternis auszuüben. Mich faszinierte Luzifer, da

er das intellektuelle materielle Prinzip darstellt. Für mich verkörpert er das freie Prinzip des uneingeschränkten Denkens. Diese Freiheit verlieh ihm nach meiner Meinung eine gewisse, nicht zu widerstehende Würde. Eine verlockende Macht!

Allein ich konnte den Versuchungen des Lebens nicht widerstehen. Ich verfiel ihnen, brach das Gelübde der Reinheit, das ich abgelegt hatte und floh aus dem Tempel, in dem ich meiner ursprünglichen Gottheit diente. Die besessene Liebe zu den Geheimwissenschaften machte mich ehrgeizig und führte mich noch weiter in die Irre, bis „die böse Schlange" – wie die Menschen ihre niederen Wünsche nennen, indem sie hoffen, ihre eigene Schuld dem verkörperten bösen Prinzip zuzuschieben – das Gute in mir erstickte, und ich mich nur noch vom Sinnenreize locken und leiten ließ. Ich stürzte mich in die leidenschaftliche Sexualmagie und ließ mich von ihr hinreißen. Die einzigen „Engel", die ich sehen kann, sind solche, wie du sie hier siehst – die gefallenen Dämonen; denn Gleiches zieht unweigerlich Gleiches an. Ich musste meinen Charakter ins Tierische hinabziehen, denn der Umgang mit den Dämonen erforderte dies. Wir Zauberer arbeiten streng mit der sexuellen Sphäre und du kannst dir nicht vorstellen, welche niederen ekligen Praktiken es gibt, um Menschen hörig, gefügig zu machen oder sie zu beeinflussen, etwas gegen ihren Willen zu tun. Und das reizte mich dann immer mehr. Angestachelt durch meinen Dämonengott, vergriff ich mich sogar an meiner Tochter Alraune, welche den Kontakt zu mir später total abbrach. Sie zog nach Kanada! Doch weiß ich, dass es in den lichten Sphären Vorsteher gibt, deren ganzes Wesen in einem Glanz erstrahlt, den keine menschlichen Worte zu beschreiben vermochte. Doch diese reinen göttlichen Wesen bekam ich nie zu Gesicht. Nie! Jetzt zieht mich mein Sehnen nach Freiheit dort hin. Einen Durst nach Ungebundenheit, nach der Herrschaft über die grobe Materie wurde in mir wach. Ich muss nicht mehr lange warten, dann ist mein Pakt abgetragen. Aber ich weiß, was mich dann auf Erden erwartet. Hierher will ich nicht noch einmal zurückkehren. Die Gefahr, ein zweites Mal zu fallen, ist sehr groß bei mir. Aber diese zerstörerische Schwingung, diese Disharmonie, halte ich nicht noch einmal aus. Ich habe solch schwere Depressionen, bin zum Teil absolut niedergeschlagen, sodass ich stundenlang am Heulen bin. Doch mein Gott lacht nur über mich. Er hilft mir nicht, sondern schickt mich fort, eine unmenschliche Tat zu begehen. Er verlangt Dinge von mir, die so etwas von grauenhaft sind, dass ich sie am liebsten verheimlichen würde. So sehr schäme ich mich dafür. Ich musste einer armen Frau Unterleibsgeschwüre anhexen,

einen Gebärmuttervorfall hervorrufen, extreme Regelschmerzen, Krebs an den äußeren Schamlippen, ja ich muss Ursachen setzen, dass eine Person hart vergewaltigt wurde, wobei ihr durch die Brutalität des Täters die Geschlechtsorgane einrissen oder mit einem dreckigen Messer wurde einer jungen Frau die Scheide ausgehöhlt, alles herausgeschnitten und ihre schönen Schamteile werden ihr in unwürdiger Weise abgerissen. Ihr Schreien dröhnt mir nachhallend immer noch in den Ohren. Ich liebte auf egoistische Weise in meinem Erdenleben so sehr die Frauen. Ich ehrte und achtete sie aber überhaupt nicht, denn ich war nur an ihren Sexualsäften wegen der darin enthaltenden Kraft interessiert. Ich missbrauchte sie nur für niedere Zwecke und dies ist jetzt meine Strafe. Mein Gott Luzifer ist ein grausamer Herr, und er verriet mir bereits, dass er mir auf Erden die Ehrfurcht vor dem heiligen Sexus mit Tritten und Schlägen reinprügeln wird."
Eine Donnerstimme unterbrach ihn bei seinen weiteren Erklärungen. „Das ist genug. Mehr braucht er nicht zu wissen!", dröhnte die Stimme des Dämons.
Ehrfürchtig verbeugte ich mich ein letztes Mal vor dem großen Lichtbringer, doch er nahm mich kaum mehr wahr, oder war das gewollt, denn er war der Meister der Hinterhältigkeit und der Verschlagenheit. Denn der Herrscher dieser Sphäre überragte seine Umgebung und alles ihm nahekommende, nicht nur durch seine prächtige, wohl proportionierte Gestalt, sondern in erster Linie durch seine göttlich-dämonischen Geisteskräfte. Seine Gewänder waren rot und schwarz, den Farben der Zerstörung, und drückten seine wahre Mentalität aus.
Als wir außerhalb des Goldtempels waren, musste ich erstmals einen tiefen Atemzug nehmen und den ganzen schlechten Einfluss wegschleudern, der mir durch seinen bloßen Blick auf meiner Seele lastete. Seine Ausstrahlung war zu gewaltig. Ich bemerkte, wie mein Führer mich imaginativ beeinflusste, sonst wäre ich zusammengebrochen.
„Danke dir, Anufri, für deine Hilfe".
Die menschliche Sprache erschien arm, ausdruckslos und völlig ungenügend, wenn man mit ihr die ätherischen und doch greifbaren Geisterformen beschreiben wollte; astrale Formen, die den menschlichen Gestalten in überragender Art und Weise vielleicht annähernd ähnlich waren, denn sie verkörperten die abstrakte Idee der Allmacht in persönlich- ätherischer und hellerleuchtender Hülle. Nur die, welche einmal einen Schimmer dieser Engel der dunklen Sphären gesehen hatten, konnten sich einen Begriff davon machen, wie mächtig gleichzeitig das Anziehende und das Abstoßende ih-

res Wesens auf all jene wirkte, welche sich im Bannkreise ihrer Willenskraft befanden.

Neben diesen mächtigen Wesen, dessen grausame Tücke, List, Bosheit und Niedertracht so groß war, dass damit seine Umgebung bei Weitem überragt wurde, schienen die anderen dunklen Wesenheiten nur unbedeutende Verkörperungen des Bösen zu sein. Erst jetzt begriff ich, was es bedeutete, ein König der Hölle zu sein! In meinen Augen schien auch der Engel des gefallenen Sterns so hoch über all seine Untergebenen zu stehen, dass Luzifer selbst, der große Fürst der Finsternis, seine makrokosmische Allmacht dadurch zum Ausdruck brachte.

„Zeigst du mir seine kosmische Form, lieber Anufri, als Abschluss sozusagen?"

Mein Beschützer lächelte. „Hast du noch immer nicht genug?"

„Ich will alles sehen", beantwortete ich seine Frage und wir befanden uns im nächsten Augenblick im schwarzen Nichts. Alles was ich sah, war ein samtiges, leuchtendes Schwarz. Es glänzte sehr und war direkt mit Akasha verbunden, was durch einen violetten Hauch angedeutet wurde. Viele leuchtende und glitzernde Farben gingen aus dem Schwarz hervor. Der ganze Kosmos wurde durchdrungen, nur die Farben waren satter, dichter, dunkler als bei einem positiven Wesen. Vernichtung und Zerstörung spürte ich sehr deutlich an meinem eigenen Mentalleib. Dieses Wesen hat Millionen von Untergebenen! Ganze Planeten, sogar Sonnen wurden zerstört. Töne, wie seltsame Musik waren zu hören. Mir war klar, dass es quabbalistische Sätze waren, besser gesagt, die absolute Zerstörung, der kosmische Hass, die vernichtende Gier wurde von diesem Wesen geschöpft! Meine Erkenntnis sagte mir, dass auch hier Reinheit und Weisheit zu sehen waren, aber dem negativen Prinzip gemäß im umgekehrten Sinne! Es führte nur die Dinge aus, die von der Vorsehung verlangt wurden.

„Die Erkenntnis wiegt schwer, zu wissen, woher so ein Wesen kommt. Nämlich direkt aus Akasha. Man muss die hohe Reinheit dieses Wesens erkennen, um die Vorsehung nicht zu beleidigen, denn wer hat es geschaffen? Viele Rätsel gibt es, die wir als Menschen nicht lösen können! Nehmen wir alle Genien aller Sphären unseres Makrokosmos, so hat ein jeder Genius einen Gegengenius. Hier liegt ein großes Geheimnis, denn wir sehen den kosmischen Seelenspiegel. Darum muss der Mensch auch beide Seiten in seiner Seele haben, man muss den Spiegel makrokosmisch anlegen, ihn an den kosmischen Gesetzen anpassen. Natürlich muss jede Eigenschaft, ob gut oder schlecht, total beherrscht werden. Wir sehen aber deutlich, dass

nur eine Gleichzahl das magische Gleichgewicht bringen kann, denn nur so ahmen wir den Makrokosmos nach. Jeder kann von diesem Standpunkt das wahre Geheimnis der Introspektion erkennen!
Die wahren Magier stehen über beide Prinzipien, führen Missionen der göttlichen Vorsehung aus. Du musst bedenken, dass die Brüder des Lichts z. B. über Kriege, Katastrophen und mehr entscheiden, wie du später noch sehen wirst. Daran wirst du auch das höchste Prinzip, die Beherrschung aller Kräfte, erkennen und dadurch Wissen ernten, dass die Vervollkommnung nur so vonstattengehen kann", erklärte mir mein Freund.
„In Wahrheit hat das Negative ebenso wenig eine Form oder Gestalt, welche von Sterblichen geschaut werden kann, als das Prinzip des Guten oder die universelle Gottheit, den wir als allmächtigen Gott bezeichnen. Es ist alles nur eine „Schwingung". Metatron kann man gerade so noch beschreiben, weil er mentalisch noch Licht-Form aufweist, aber seine Rückseite, das reinste Akasha, ist unbeschreiblich. Kein Mund, weder von Menschen noch von Elohims, kann über die höchste Wesenheit etwas sagen, da alle gleichermaßen darüber im Unklaren sind", fuhr er fort.
Aber uns wurde nun bewusst, dass wir uns immer noch in der niedrigsten Höllensphäre befinden. Um uns war dieses dumpfe Licht, das eigenartigerweise dennoch schmerzhaft blendete.
„Wir stecken jetzt so tief im Sumpf der Vernichtung, dass wir einige Zeit bräuchten, bis wir aus dieser Sphäre raus in die reinere kommen würden. Die Übergänge und Assimilationen würden zu lange dauern, weshalb ich einen Pegasus rief, das Reittier durch die Sphären, welches einen schneller an sein Ziel bringt", sagte mein Meister.
Als er sein letztes Wort aussprach, nahm ich in der Finsternis einen Blitz wahr, der sich augenblicklich in ein weißes Pferd mit wunderschönen Flügeln verwandelte. Es war ein Traum-Tier, so schön sah es aus. Ein Strahlen und Glänzen ging von ihm aus und mir wurde dadurch gleich wohler. Ich merkte, wie der negative Einfluss von mir abließ und ich wieder klare Gedanken fassen konnte. Das ganze Leid, die Schreie, das Blut hinterließen bei solch einer Düsternis ein Unbehagen, sodass ich nicht mehr in der Lage war, mich auch nur auf eine Kleinigkeit zu konzentrieren. Ich wäre hier gefangen gewesen!
„Deshalb rief ich Pegasus, wie ihn die Griechen nennen", kommentierte mein Führer meine Gedanken. „In der griechischen Mythologie wird er als Fuhrmann unter den Sternen beschrieben."
Wir stiegen auf und wiederum erfolgte ein Funkeln, Gleißen und Lohen,

aber nicht im negativen Sinne, sondern das helle, schöne Licht wirkte heilend und reinigend auf unsere Mentalkörper ein. Einen Augenblick später befanden wir uns unter dem Sternenhimmel der astralen Welt. Wir stiegen vom Pegasus herunter, und sahen uns die wunderschönen schimmernden Lichtkörper an, die uns bei Weitem vertrauter sind, als der Schwefelgeruch der Hölle. Ein wunderschöner Anblick, der mir Mut machte und den schweren negativen Einfluss des Dämonengottes wieder aufhob und neutralisierte, und mir erneut Kraft gab, meinen Weg weiter zu bestreiten. Wir verließen die tiefste und schrecklichste Sphäre des gesamten Kosmos und tauchten in eine bei Weitem höhere ein. Die Schwingung, die Farben, das Gefühl, dass mich dabei überkam, ist nicht zu beschreiben. Alles wurde heller, reiner, lichter und tausendmal schöner. Alles war viel runder und sanfter als im Höllenpfuhl. Dort herrschten Zacken, Kanten, Spitzen vor, hier hingegen war alles abgerundet und aufeinander abgestimmt. Langsam wurden Seen und Wälder sichtbar, Tiere liefen ohne Scheu umher und ein Glitzern, ein Schimmern von Licht, welche angenehm belebend auf uns einwirkte, tat sich kund. Es war berauschend. Für mich waren wir im Paradies angelangt, so erfrischend und gesundend wirkte es auf mich ein.
„O, nein, Azon, das ist es noch lange nicht, denn die Bilder der Hölle spucken dir immer noch in deinem Kopf herum. Es dauert eine Weile, bevor sie verschwunden sind. Deswegen erscheint dir der Kontrast um so stärker. Wären wir jetzt in der höchsten Sphäre angelangt, würde dich der Anblick augenblicklich in den Wahnsinn treiben, denn die Schönheit dieser Sphäre wäre für dich noch unerträglicher. So müssen wir uns zuerst anpassen und langsam höher steigen. Stufe um Stufe, genauso wie es Meister Arion in seinem „Adepten" beschrieben hat.
Von hier aus gehen die geläuterten Seelen über in die nächst höhere Ebene. In dieser können sie sich ein wenig erholen, kraft tanken, um sich nach gegebener Zeit erneut zu inkarnieren. Sie können sich so auf besseren Wegen der Gottheit abermals zuwenden", setzte Anufri fort.
Ich gucke mich um. Alles war schön geformt, harmonisch, sodass es für mich schon sehr schwer war, das alles, die gesamte Schöpfung zu begreifen. Ich musste mich erst mal erholen. Ich sah glänzende, belebende Wälder, wo Tiere herumliefen, die auf die Menschen zukamen, sich streicheln ließen und nicht scheu davoneilten. Sah wunderschöne Gebäude im Jugendstil, die man als Krankenhäuser oder Kuraufenthaltsorte bezeichnen konnte, wo die armen und gemarterten Menschen, so weit es die göttliche Vorsehung zu ließ, kuriert wurden. Die Wesen, die das vollbrachten, wur-

den vom unergründlichen Akasha inspiriert, sodass sie genau wussten, welche magischen Heilmethoden sie anwenden konnten und durften.
Ich blieb noch ein wenig sitzen, und genoss den Ausblick. Ich sah Astral-Wesen übers Wasser laufen, sah, wie sie die Energie aus dem nassen Quell absaugten und dadurch erfrischt sich wieder ihrer eigentlichen Arbeit zuwenden konnten. Das war alles so etwas von neu für mich. Ich konnte es kaum begreifen. Im fernen Horizont sah ich ein Leuchten der höheren Sphären, wo ich jetzt gar nicht mehr hin wollte oder konnte. Ich war zu platt, zu ausgelaugt. Ich wollte nur sitzen und mir das Glitzern des Astralmeeres ansehen, bis ich mich darin verlieren würde.
Neben mir stand mein Freund und Schutzgeist. Ich sah, dass seine Erscheinungsform sich geändert hatte. Er strahlte goldenes Licht aus, öffnete seinen Mund und ein Ton kam hervor, der sich sofort in Farben und Gefühle umwandelte und auf mich heilend einwirkte. Fragend sah ich ihn an.
„Ich musste dich quabbalistisch beeinflussen, da ich merkte, dass du die ganze Situation nicht verarbeiten konntest. Für dich waren die letzten Eindrücke viel zu gewaltig. Sie hinterließen solche Bilder in deinem Kopf, dass du noch ziemlich lange gebraucht hättest, bis wir weiterziehen hätten können, denn es gibt hier im Astralen Alles in Allem zu sehen. Das ist hier das „ätherische Reich", der komplette Kosmos, und wir wollen hier nicht halt machen, sondern uns auf den Weg ins Unendliche begeben."
Kaum war er fertig, spürte ich, wie sich mein Kopf klärte, die dunklen Wolken verschwanden, ich vergaß die schrecklichen Bilder, der Geruch von Blut und Schwefel wich aus meinem Bewusstsein und ich konnte mich nun an die neue Ebene viel besser anpassen. Ich konnte wieder klarer denken. Wie froh war ich, dass mir mein Schutzgeist Anufri dabei half. Aus Dankbarkeit wollte ich ihn schon umarmen. Er bemerkte das, aber etwas Neues trat ein, was meine Aufmerksamkeit völlig in Anspruch nahm.
Es wurde plötzlich heller. Ich sah eine kleine Sonne über dem Meer schweben, dessen Schein so stark war, dass es mich blendete, aber ohne mir wehzutun. Ich fühlte keinen Schmerz in meinen Augen, ich senkte aber dennoch meinen Blick. Seine Flügel, die als Zeichen der Erhabenheit und der Sphärenunabhängigkeit galten, strahlten spitz hoch in den Himmel, dort, wo die Entwicklung hingeht. Im Gegensatz dazu waren die Schwingen Luzifers mit Krallen versehen, was auf die Bindung in der Materie hindeutet – auf Raffgier und materiellen Besitz.
Der Vorsteher schwebte zu mir, sein Licht hüllte mich ein, und ich wurde in Ekstase versetzt. Ich sah nur noch Licht. Der Zustand wurde von dem

Wesen nur solange aufrechterhalten, bis ich mich komplett erholt hatte. Und das tat ich, denn ich war dadurch so etwas von belebt, so aktiv, dass ich Bäume ausreißen hätte können. Dies regte meinen „faustischen" Forscherdrang im höchsten Sinne an und veranlasste mich, meinen Schutzgeist zu bitten, weiter in das unerforschliche Astrallicht einzutauchen.
„Komm", sagte er, nach dem der Genius sich ins Nichts aufgelöst hatte, „lass uns gehen!"
Er nahm mich bei der Hand und wir waren augenblicklich in einer neuen und mir absolut fremden Ebene.
„Wir befinden uns jetzt in einer Astralwelt", sagte mir Anufri, „die man als das seelische Gegenstück zur physischen Welt auffassen kann, denn die Astralkörper aller Dinge und vieler Menschen bestehen hauptsächlich aus materiellen Gedanken und Gefühlen, die dieser Abteilung der Astralwelt angehört. Deshalb steht sie mit der physischen Welt in engerer Verbindung als irgendein anderer Teil der Astralebene. Die große Mehrheit der Menschen hält sich daher in diesem Teil von Kamaloka nach ihrem Tode für eine gewisse Zeit auf und viele von ihnen sind bei vollem Bewusstsein. Es sind einerseits Menschen, deren Interesse auf die trivialen Dinge des Alltags gerichtet war, deren Herzen an Nichtigkeiten hingen, und andererseits solche, die ihrer niederen Natur erlaubten, sie zu beherrschen und deren Verlangen nach irdischen Freuden im Zeitpunkt ihres Todes noch lebendig war. Da sie ihre elektromagnetischen Lebenskräfte hauptsächlich in dieser Richtung ausströmen ließen und solche Dinge damit magnetisch auch noch angezogen haben, bauten sie sich dadurch ihren Astralkörper aus einem stofflichen Material auf. Dieser Leib spricht leicht auf materielle Anregungen an, und wird von der in seiner Umgebung befindlichen Körper, Dinge und anziehenden physischen Objekte festgehalten. Sie sind meist unbefriedigt, ruhelos und fühlen sich unbehaglich; je nach der Intensität der Wünsche, die sie nicht befriedigen können, sind sie schmerzlichen Empfindungen der verschiedenen Mängel ausgesetzt. Manche leiden seelische Qualen, und es dauert lange, bis sich dieses irdische Verlangen völlig erschöpft hat. Viele verlängern ihren Aufenthalt unnötigerweise dadurch, dass sie sich nicht ändern wollen, sondern verbleiben lieber in diesem niederen Dunst."
Ich sah mir das „Treiben", denn anders konnte ich diesen Zustand nicht beschreiben, näher an. Alles war dumpf und unbelebt. Kein Strahlen war wahrnehmbar. Kein Leben! Es war genauso wie auf Erden. Alles war trüb und grau, kein geistiger Sonnenschein. Die Gesprächsthemen waren mehr als unter der Würde eines Astralmenschen. Das kam dem Klatsch und dem

irdisch-banalen Hintertreppengeplapper gleich, der meist weiblichen Ursprunges war. Aber die Männer waren auch nicht besser. Diese erdgebundenen Seelen waren im Allgemeinen keine großen Geisteskinder. Und gerade so wie auf Erden waren sie umso rechthaberischer, je unwissender sie sich gaben, umso selbstsicherer waren sie in der Meinung, die ganze Astralwelt wäre identisch mit ihrer eigenen, eng begrenzten Sphäre. Dort wie hier: „Sie halten ihr Kleinstadtgeschnatter für das Rauschen der großen Welt." Man sah zum Teil Menschen, deren Aura in tierischer Reinform schwang oder Charaktereigenschaften im übertriebenen Maße am Körper aufwiesen. Einer hatte eine furchtbar lange, hochstehende Nase und mir kam sofort in den Sinn, dass dies sein Hochmut war. Doch trotz dieser Ungewöhnlichkeit, welche ihnen ihre Laster vor Augen trug, waren sie wahrlich zu blind, um es zu erkennen. Dann gab es Menschen, die eine dunkelrote Wolke hinter sich herzogen, weil sie in Wut und Zorn lebten. Darin zucken Blitze auf und ab, und ein leichtes Donnern war zu hören. Der Geiz war grau, braun, schwarz, einengende Umrisse umgaben den Astralkörper. Die Angst war durch Zickzacklinien in dunkelgrüner Farbe gekennzeichnet. Niedergeschlagenheit durch schwere braune Wolken, wie die Farbe von Steinen und Mauern.

Im Gegensatz dazu war der Fromme durch helle, belebende Farben und freimachendes Licht, mit einem Strahlen hoch oben über sein Haupt geschmückt.

Es gab ganz seltsame Gebilde, die man dort in der Astralebene wahrnahm. Wolken, Lichtkugeln, Blitze, Streifen, längliche Formen in allen Farben, verschiedene Sonnen in unterschiedlichsten Anordnungen und Schattierungen, wobei es auf jede Einzelheit und Kleinigkeit in der Bedeutung ankam. Es gab auch krallenförmige Gebilde, die auf Gier und Habsucht hinwiesen, andere auf Besitz, Wolken oder eine Art von Nebelform, Schlangenlinien, wo es auf die Farbe ankam, dunkle Kugeln, die abstrahlten, Blitze, Klumpen aus grauer Masse, Widerhaken, symbolische Gestalten, Scheiben, verschiedene geometrische Figuren, universelle Symbole wie ein Sechsstern oder das Pentagramm.

Bei manch einem nahmen die Schemen schon mehr plastische Gebilde und dessen Form an, wie man es aus dem tierisch-irdischen Leben kennt. Dies alles befand sich in der Aura des Menschen und wurde nur von dem wahrgenommen, der die Reife dazu hat. Denn dem normalen Durchschnittsmenschen wurde dies verwehrt, weil er damit gar nicht klargekommen wäre. Aber zum Glück waren wir beide gut geschult, sodass wir mancherlei Ungewöhnliches sahen.

Dann kamen wir in einer feineren Welt an, die schon mehr astral genannt werden kann, denn in diesem „Ring" strahlte es schon mehr nach dem eigentlichen Leben. Alles war durch eine innere polare Kraft zum Glitzern und Glänzen bewogen, die die Bewohner mehr oder weniger belebten und in ihnen ein unbewusstes Sehnen nach Höherem wach rief. Jeder sehnte sich vor allem danach, eine neue Möglichkeit der weiteren astralen Entwicklung auf der grobstofflichen Ebene zu haben und neue Erfahrungen für die höheren Schichten in der astralen Welt in seinem Geist zu sammeln.

## *Die Beschreibung des Bildes:*

*Dieses Bild bekam ich im Oktober 1995 von Anion geschenkt. Er ging mit mir ins Schlafzimmer, nahm es von der Wand und überreichte es mir mit folgenden Worten: „Dies ist das einzige Bild, welches die Astralebene in ihrer wahrhaftigen Form zeigt. Oben erkennt man durch den gold-gelben Schein die höheren Sphären. Dies ruft eine Neugierde im Menschen hervor, sich weiter zu entwickeln. Rechts steht ein Hüter der dunklen Ebene, links ein helles, positives Wesen. In der Mitte ein in aktiver Form befindlicher Magier, welcher mit den beiden Wesen im Gespräch ist. Man sieht in den Flammenkronen kleine Wesenheiten sitzen, welche das Leben symbolisieren. Unten wurde durch die dunkle Farbe eine niedere Ebene angedeutet, aus der der Magier empor will. Um den Magier herum sieht man seine Schemen, die verschiedene Formen aufweisen, je nach ihrer Mentalität und Beschaffenheit. Diese gehören entweder zu den beiden Vorstehern oder auch zum Magier. Anhand der Formen erkennt man die Eigenschaften der Larven. Franz Bardon schreibt dazu im „Adepten": „Eine andere Art von Wesen sind die sogenannten Larven, die entweder bewusst oder unbewusst durch intensives Gefühlsdenken durch die Astralmatrize ins Leben gerufen wurden. Es sind dies keine tatsächlichen Wesen, sondern bloße Formen, die sich von den Leidenschaften der animalen Welt in der niedersten Stufe der Astralebene am Leben erhalten. Ihr Selbsterhaltungstrieb bringt sie in die Sphäre jener Menschen, deren Leidenschaften ihnen zusagen. Sie trachten, direkt oder indirekt die im Menschen schlummernden Leidenschaften zu wecken und zu entfachen. Gelingt es diesen Formen, den Menschen zu der ihnen zusagenden Leidenschaft zu verleiten, so ernähren, erhalten und kräftigen sie sich von der Ausstrahlung, die diese Leidenschaft im Menschen hervorruft. Ein mit vielen Leidenschaften beladener Mensch zieht in der untersten Sphäre seiner Astralebene ein ganzes Heer von solchen Larven mit sich. Es gibt großen Kampf mit ihnen, und auf dem Gebiete der Magie in der Beherrschung der Elemente ist es ein sichtlicher Bestandteil."*

Die Menschen werden durstig gemacht nach mehr. Es wird in ihnen eine Sehnsucht wachgerufen, nach Reinerem, Schönerem, Edlerem, nach ewigen Glück, seelischen Frieden und Zufriedenheit in reinster Verzückung. Deswegen nahm man ein Licht am Horizont wahr, ein feines goldenes Leuchten, welches unbeschreiblich erhellend auf die Bewohner einwirkte. Dann sah ich, wie sich solch ein niederer Mensch diesem Licht zuwenden wollte. Er wünschte sich dorthin, er wollte in diese höhere Ebene eintauchen. Aber sie entsprach nicht seiner Reife und der inneren Reinheit. Deshalb erschien plötzlich wie aus dem Nichts ein leuchtendes Wesen, der Hüter der nächst höheren Ebene, und verwehrte dem Eindringling den Einlass. Allein seine lichte Ausstrahlung bremste den Astralmenschen in seinem Fortschreiten. Er duckte sich weg, den für ihn war die Helligkeit des Lichtes unerträglich. Er drehte sich um und ging in seine ihm entsprechende Ebene. Der Hüter nickte zufrieden, denn er musste auf diese Menschen achtgeben, damit ihnen nichts in höheren Schichten passierte, was ihre Gesundheit beeinträchtigen könnte. Das Wesen musste verhindern, dass ein Unreifer über die Schwelle in eine höhere Sphäre gelangte, die gefährlich werden konnte. Denn die Schwingungen wurden mit jeder Sphäre reiner, edler aber auch göttlicher, d. h., ihre Intensität, Stärke und Kraftausstrahlung wurde in einem Maße verstärkt, dessen Grenze nur ein gut geschulter Mensch überschreiten durfte.

Deshalb schreibt Bardon in seinem „Adepten", dass man die Elemente bis zum Äußersten beherrschen muss! Ein gut entwickelter Magier kann sich wunschgemäß in jede Sphäre versetzen, da er jede Schwingung und somit jede Form der betreffenden Sphäre, mit der er in Verbindung kommen will, anzunehmen und in ihm selbst auch – durch Stauung der verschiedenen Kräfte – hervorzurufen versteht. Unentwickelte Menschen ist die nicht möglich! In jeder Ebene wird nämlich das Spiel der Elemente, das elektrische und magnetische Fluid, von der Göttlichen Vorsehung im Akashaprinzip gehalten und geregelt. Nur ein Beherrscher der Elemente und Fluide darf das wagen. Gerade so, wie auf unserer grobstofflichen Welt der feste, flüssige und gasförmige Zustand besteht, der den Stoff unserer Erde bildet, gibt es laut Analogiegesetz Aggregatzustände in feinerer Form, die unseren normalen Sinnen nicht mehr zugänglich sind, mit unserer grobstofflichen Welt aber dennoch in Verbindung stehen. Diese feineren Aggregatzustände werden in der hermetischen Wissenschaft Ebenen und Sphären genannt.

„Diese feineren Welten sind logischerweise nicht an Zeit und Raum gebunden und können nach unserem Begriff ineinander gehen, sodass z. B. in einem Raum, den wir uns bildlich vorstellen oder irgendwie abgrenzen, alle nur erdenklichen Ebenen vorhanden sind. Es gibt unendlich viele Ebenen und Zwischen-Ebenen. Je reifer, entwickelter und ethischer ein Magier ist, in eine um so feinere Erdzonenschicht gelangt er", fügte Anufri hinzu.

Kaum war er damit zu Ende, als wir uns in einer weiteren Astralschicht befanden. In der astralen Welt gibt es ja keinen Zeit- und Raumbegriff, sodass wir in einem einzigen Augenblick jede Entfernung überbrücken konnten. Es gab für unsere Reise auch kein materielles Hindernis, das wir nicht mit unserem Mentalkörper durchdringen hätten können.

Mit der Zeit hören alle Interessen, die ein normaler Mensch, also ein Uneingeweihter und Unentwickelter, auf der grobstofflichen Welt hatte, in der Astralsphäre auf zu existieren, weil man sich immer mehr dem wahren Sein zuwendet. Das gilt aber nur für einen etwas höher entwickelten Menschen. Denn es geht in der Entwicklung um die Erkenntnis, um das Wissen und die Weisheit. Der lichte Aufbau in jeder Ebene weckt mit der Zeit das wahre Interesse. Jeder will mehr, jeder will wissen, wie und warum die Göttliche Vorsehung die Welten erschaffen hat. Dazu muss man sich geistig schulen, muss man seinen Astralkörper ausgleichen, um mit ihm die einzelnen Erfahrungen zu machen, die dafür in Frage kommen.

„In der niederen Astralwelt wird man feststellen, dass sogar der Sexualtrieb noch vorhanden ist!"

„Was? Es heißt doch, dass es dort kein solches Empfinden gibt."

„Nein, in den unteren Schichten leben die Menschen nach wie vor so wie auf Erden. Komm, ich beweise es dir."

Plötzlich wandelte sich die Farbe um uns, sie wurde violett und wir verschwanden aus den Augen der uns umgebenden Menschen.

„Ich versetze uns nun in ein Schlafzimmer eines hier Lebenden", und sogleich waren wir drin, und ich hörte sofort ein Gestöhne und sah dann das dazugehörige Bild. Es war ein Akt der Begierde zu sehen, der nicht von schlechten Eltern war.

„Ich bin entsetzt", sagte ich meinem Führer.

„Kann ich mir gut vorstellen. Nur in den höheren Schichten verbindet gleichmäßig entwickelte Wesen ein feines Schwingungsband, ein anderes Sympathiegefühl als hier auf unserer Erde. Dort gibt es keinen Sexualtrieb! Er wird durch Harmonie und göttliche Ekstase ersetzt, der bei Weitem das Niedere überragt."

Ich war beruhigt!

„Abgesehen von all denen, die ich dir bereits nannte, wie z. B. Elementale,

Larven, Schemen, Phantome, sind in dieser Ebene auch noch die Wesen der Elemente vorhanden. Wenn du willst, dann machen wir mal einen kleinen Ausflug in diese Region."
„O, das wäre wunderbar", und einen Augenblick später erreichten wir diese Welt.
„Die Elemente-Reiche werden von manch einem Magier als Zwischen-Reich bezeichnet, weil sie zwischen der Erde und dem astralen Gürtel um unseren Planeten liegen. Beginnen wir, so wie es Meister Arion vorschlägt, beim Erd-Element."
Plötzlich veränderte sich die Farbe. Es war nicht mehr das normale Licht zu sehen, sondern es wurde braun. Man fühlt eine Schwere, die einen ungeschulten zu Boden gedrückt hätte. Was ich dann sah, ist kaum zu beschreiben. Die Gnomen waren ganz kleine Männlein, ähnlich den in Märchen beschriebenen Heinzelmännchen. Meistens waren diese mit langen Bärten und Kappen, den sogenannten Zipfelmützen, langem Haar, blitzenden Augen ausgestattet und trugen kleine Kutten. Je nach Aufgabe hatte der eine oder der andere auch einen Pickel oder eine Schaufel bei sich, weil sie alle unter Tage arbeiteten. Ein jeder Erdgeist trug auch ein Lämpchen von verschiedener Leuchtkraft, mit dem er sich im unterirdischen Reich zurechtfand.
Das Erdelement war für uns das Dichteste von den 4 Elementen in der Astralebene. Beim Erdelement und beim Besuch der dort herrschenden Gnome fiel die Anpassung an diese Wesen für uns Magier nicht sehr schwer. Man braucht sich eigentlich nur verkleinern und mental das Erdelement anzureichern. Es darf nicht versäumt werden zu sagen, dass der Elementestau bei jedem Element spezifisch stattfinden muss. Würde das nicht stattfinden, so wäre man beispielsweise im Erdelement unsichtbar. Das gilt auch für alle anderen Elemente. Das Gnomenreich ist nicht so gefährlich, wie das Feuer- und Wasserreich, auch sind die Gnome sehr gesprächsbereit. Von daher ist die Kontaktaufnahme nicht schwer. Auch in diesem Reich gibt es für die Herrscher unterirdische Paläste, die Untergebenen leben je nach Rang in kleineren Gebäuden. Rang und Größe der Paläste sind hier im Astralreich von Bedeutung. Dies ist eines der Universalgesetze, das wir nicht nur in den Elementereichen finden, sondern auch in der Erdgürtelzone und nicht zuletzt auch in allen anderen Sphären. Die Gnome sind von Natur aus sehr umgänglich und dem Menschen zugeneigt, also genau das Gegenteil vom Luftelement. Es muss an dieser Stelle einmal bemerken, dass in allen Elementeebenen die Sexualität ähnlich wie auf der Erde vorhanden ist. Dies

berichtet auch der weise Arzt und Eingeweihte Paracelsus in seinen Werken. Der Grund dafür ist der, dass alle 4 Elemente das direkte Verbindungsglied zur grobstofflichen Erde sind. In der höheren Astralebene gibt es natürlich keine Sexualität. Dies soll um eventuelle Missverständnissen vorbeugen. So finden wir also in allen Elementen auch Kinder beiderlei Geschlechts.
„Du weißt ja, darüber schreibt ja schon Meister Arion, dass es unbedingt notwendig ist, bevor man das Erdreich betritt, sich mit dem Erdelement identifizieren muss, d. h., dass man seine Beine mit dem Erdelement ohne jede Stauung lädt. Nun brauchst du dir nichts anderes mehr vorstellen, als dass du in das unterirdische Reich, also in die Erde, hinabsinkt. Ebendort wird dich ein Gefühl der Dunkelheit umgeben. Mittels Imagination stellst du dir eine Lampe mit einem wunderschönen Licht vor, das die Dunkelheit durchbricht. Durch deine Imagination wird das zur Wirklichkeit werden. Durch die Gottesverbundenheit hat die Vorstellung bei uns Geschulten eine solche Wirkung. Bei deinen anfänglichen Versuchen wirst du noch nicht viel bemerken. Wiederholst du aber die Experimente einige Male, wirst du dich an dieses Dunkel derart gewöhnen, dass du Wesen deiner Gestalt wahrnimmst, namentlich wenn du mit diesen Wesen in Verbindung zu treten wünschst. Doch solange warten wir nicht. Ich hab die nötigen Vorbereitungen schon längst getroffen und dich hier unten im Erdreich angekündigt. Man ist mit deinem Erscheinen einverstanden. Das habe ich bei den anderen drei Elemente auch so eingerichtet."
„O, vielen Dank. Dann geht das viel schneller voran. Toll!"
„Du weißt ja, dass es mehrere Varianten gibt, diese Reiche aufzusuchen. Für dich wurde der Einlass schon mittels des Stein der Weisen durch Anion gewährt, und heute machen wir es auf meine Art. Du wirst sie sofort wahrnehmen und kannst auch mit ihnen sprechen, und bei den verschiedenen Arbeiten im Erdreich ihnen zusehen. Im Reich der Erdwesen darf der Magier keinen Erdgeist zuerst ansprechen. Das ist dir ja bekannt!"
Ich nickte Anufri zu.
„Es kann vorkommen, dass man durch das gegenseitige Arbeiten der Gnomen dazu verleitet wird, etwas zu bemerken, aber dazu darfst du dich nicht verleiten lassen. Du würdest sonst Gefahr laufen, dass die Erdgeister über dich die Macht gewinnen würden, was ja umgekehrt der Fall sein sollte. In so einem Unglücksfalle könnte es geschehen, dass die Gnomen durch ihre verschiedenen magischen Praktiken dich durch das Element so fesseln, dich in ihren Bann schlagen würden, dass du dann selbst zu einem Erdgeist wür-

dest und kaum mehr die Möglichkeit hättest, in deinen Körper zurückzukehren. Dann würde nach Ablauf einer bestimmten Frist das mentale Band zwischen dem Geist und dem Astral-Körper reißen und der physische Tod eintreten. Eine ärztliche Untersuchung würde allerdings nichts anderes als einen Herzschlag feststellen. Jeder Magier, der sich durch seine magische Schulung in der Gewalt hat und dieses Gesetz berücksichtigt, hat nichts zu befürchten. Im Gegenteil, sobald die Gnomen selbst zu reden anfangen, erblicken sie im Magier, somit in dir, ein Wesen, das über sie gestellt ist und werden deine besten Freunde. Das Gesetz des Nichtredens gilt nur bei den ersten Besuchen, später, sobald die Gnomen sich davon überzeugen, dass du sie an Intelligenz und Willenskraft überragst, werden sie nicht nur Freude empfinden, sondern werden zu den gehorsamsten Dienern. Die Erdgeister stehen dem Menschen am ähnlichsten und dienen ihm gerne, insbesondere, wenn sie seine Überlegenheit erkennen. Die Besuche in das Gnomenreich sind so oft als nur möglich zu machen, bis das Gnomenreich uns Magier nichts Neues mehr zu bieten hat und wir alle magischen Praktiken, Rituale, Formeln, Runenstellungen und alchemistische Arbeiten gelernt haben. Wir Magier können von den Gnomen so viel lernen, und kein einziges Buch könnte ihm so viele Geheimnisse über das Erdreich anvertrauen, als ein Hermetiker in der Gnomenwelt erfahren könnte. Beispielsweise kann der Magier durch die Gnomen von der Macht und Wirkung verschiedener Kräuter in Kenntnis gesetzt werden, magische Macht über bestimmte Steine erreichen, welche ihm intuitiv mitgeteilt wird. Damit könnte er ganze Folianten füllen, worüber bis jetzt noch nichts berichtet wurde. Das Arbeiten mit dem Erdelement und den Fluiden würden sie dir auf verschiedene Art und Weise beibringen. Dass es im Gnomenreich unter den Erdgeistern verschiedene Intelligenzgruppen gibt, wirst du auch im Laufe der Zeit feststellen."
Nachdem Anufri seine Rede beendet hatte, kam ein netter kleiner Zwerg zu uns, verneigte sich und sprach: „Mein Herr wünscht, euch beide zu sehen. Er erwartet euch in seinem Palast."
Wir verneigten uns ebenfalls und bedankten uns für die Einladung.
„Wer ist Dein Herr?"
„Sein Name ist Andimo", und ich wusste, welchen Fürst er meinte. Meister Arion beschreibt ihn als den Alchemisten unter den Gnomen.
Wir drehten uns und eine „Sekunde" später befanden wir uns in dem dunklen erdigen Palast des Königs der Gnome. Langsam begann er sich zu lichten. Über dem Tor stand in leuchtenden Buchstaben „Willkommen",

welches uns dazu mit einer tiefen Stimme entgegenklang.

„Du weißt ja", informierte mich Anufri, „dass diese Wesen Auskunft über Heilkräuter, magischen Quellen, Steine usw. geben, oder wie die Prima Materia in den Stein der Weisen umzuwandeln ist und wie der sogenannte Lapis Philosophorum gewonnen werden kann. Manch ein Herrscher hat eine große Anzahl von Gnomen als Untergebene, die ihm beim Arbeiten und Wirken im Erdreich zur Seite stehen. Andere Herrscher bringen dir bei, wie Steine durch das Erdelement oder aufgrund anderer besonderer Methoden für bestimmte Zwecke geladen werden können. Die okkulte Bedeutung aller Edelsteine ist ihnen gut bekannt, und der Magier kann sie von diesem Erdgeist namentlich für Talismane, Glückssteine u. dgl. m. erfahren.

Ihr größter Wirkungsbereich ist unter der Erde, wo es sich um kristallinische Produkte, wie z. B. Salze, handelt. Von ihnen erfährst du, wo sich etwa Steinsalze und andere kristallinische Zusammensetzungen befinden und du wirst von diesem Gnomenkönig darüber belehrt, wie die Salze überhaupt zustande kommen. Ferner erhältst du über ihre chemische und hermetische Analogie Auskunft und lernst gleichzeitig den okkulten Gebrauch verschiedener Salze für magische Zwecke durch das Erdelement kennen. Der Gnomenkönig weiß um viele geheime Methoden, wie aus Pflanzen und Mineralien verschiedene Salze gewonnen werden, vertraut sie dem Magier bereitwilligst an und macht ihn auch mit ihrem praktischen Gebrauch in der Alchimie, Spagyrik und Heilkunde usw. bekannt.

Den Magier lehren sie die in unserem Erdball wirksamen elektromagnetischen Strömungen kennen, sie praktisch durch Runen und Planetenstellungen zu beherrschen und auszuwerten. Ferner machen sie den Magier mit der Naturmagie vertraut, die er durch das Plus und Minus der Erde, also durch das elektrische und magnetische Fluid, hervorzurufen vermag. Durch diesen Gnomenkönig erfährst du auch, wie diese beiden Strahlungen, die durch die chemische Zersetzung das Leben auf und unter der Erde beeinflussen, vom hermetischen Standpunkt aus betrachtet, entstehen. Des Weiteren bringt das Erdvolk dem Interessierten die vollkommene Sympathie-Magie bei, die verschiedensten Anwendungs- möglichkeiten und Praktiken, macht ihn ferner mit der Zubereitung des Erdspiegels und der verschiedenen fluidischen Kondensatoren bekannt. Außerdem weiht er dich, wenn du es willst, in den praktischen Gebrauch des Erdelementes ein, in die Geheimnisse der Erd-Runen und deren quabbalistischen Gebrauch. Du wirst erstaunt sein, wie sehr die Runenmagie den Elementen untersteht. Ohne das Erdelement würde sich die gesamte Magie sowieso nicht verwirklichen.

Das Fiat Lux ist im analog!"
Anufri hatte sich, wie bei allen unseren Elementereisen, über einen bestimmten Gnomenkönig informiert. Sehr schnell kam der Kontakt zustande und ich muss sagen, dass dieser König richtig königlich stolz war, ansonsten aber hatte er ein Herz aus Gold. Wir sprachen viel über Alchemie und Krankenbehandlungen mit dem Erdelement. Ich musste feststellen, dass gerade Gnome in der Gedankenlesekunst wohl die besten aus allen Elementen sind. Das betraf auch die Alchemie. Andimo ist immer ein sehr freigiebiges Wesen, sodass er mir auf Dauer drei untergeordnete Erdgeister auf Wunsch zur Seite gestellte hatte, die aber für die Zeit, in der sie mir dienten, die gleichen Fähigkeiten hatten, wie der König selbst. Bewerkstelligt hatte er das durch ein Ankhur, durch eine magische Kraftübertragung. Es gibt natürlich auch weibliche Gnome, die man bei Weitem nicht hässlich nennen darf, denn gewisse Darstellungen, die wir auf Erden haben, entsprechen alle nicht der Wirklichkeit. Sie besitzen zwar nicht die Anziehungskraft der Nixen, aber ich muss sagen, dass ich weibliche Gnome gesehen habe, an die die Schönheit irdischer Frauen nicht heranreicht.
Andimo sah aus, wie man sich einen Herrscher über das Erdreich vorstellt. Bärtig, gedrungen, stämmig und stark. Seine Krone strahlte so hell, dass sie den Saal erleuchtete und normalerweise keine andere Lichtquelle dafür benötigt werden würde.
„Was ist dein Begehr, Magier?", stellt er mir die Frage, die mich aus meinen Gedanken riss.
„Kannst du mir Auskunft über dein Reich und deine Aufgaben geben."
„Gerne. Ich weiß Bescheid über alles, was sich unter der Erde in Höhlen, Grotten, unterirdischen Gewässern, Kohlenbergwerken usw. abspielt, und meine besondere Aufgabe besteht darin, alle diejenigen Menschen, die sich unter der Erde befinden und dort zu tun haben, zu beschützen und ihnen beizustehen. Ich bin ein großer Freund aller Bergleute. Einen Magier, der meine besondere Gunst genießt, werde ich immer zu schützen verstehen, ohne Rücksicht darauf, wo sich der Magier unter der Erde befindet.
Da ich in der Alchimie gut bewandert bin, kann ich dem Magier unter Umständen auch in diesem Wissen mit Rat und Tat beistehen. Aus eigener Erfahrung mache ich aber jeden Magier darauf aufmerksam, und ganz besonders dich, mein Freund, dass ich gerne, entweder direkt durch mich oder durch meine Untergebenen, einen brennenden Stein, den sogenannten lebenden Sulfur grobstofflich zu projizieren gewillt bin. Du darfst dann bei einer derartigen Projizierung des Steines denselben ohne jegliche Vor-

sichtsmaßregel nicht in die Hand nehmen, sonst fügt der Stein dir große Brandwunden zu. Würdest du einen brennenden Sulfur, den ich aus dem Erdprinzip heraustransmutierte, d. h., dass der Stein schon alchimistisch vorbereitet ist, mit meinem Siegelzeichen, das du dir vorher auf einem zweiten Pergamentpapier aufzeichnet und magisch präpariert hast, zurechtlegtest, berühren, finge das Pergamentpapier mit dem Siegelzeichen Feuer, und der sulfurische Stein verwandelte sich augenblicklich in das echte alchimistische rote Projektionspulver, den sogenannten Stein der Weisen. Dieses Pulver ist dann vollkommen gefahrlos und du kannst es mit einem Löffel aufsammeln und in einem gut verschlossenen Glas verwahren. Dieses Projektionspulver hat dann gewöhnlich eine Projektionsfähigkeit von 1 zu 10.000 und ist der reinste Rote Löwe, die reinste Schöpferkraft. Nur verleitet es leider fast jeden Magier dann dazu, das Pulver zur Goldgewinnung, zur Verlängerung des eigenen Lebens oder zur Gesundung zu verwenden. Diese und solche Gedanken werden dem Magier von Dämonen dann eingegeben, um sich daran zu schulen und sich besser zu beherrschen. Sollte dann der Magier einer solchen Verlockung unterliegen, so würde seine alchimistische Arbeit zu einem förmlichen Paktabschluss mit mir führen, dem Hersteller des Steins. Vor einer derartigen Unbesonnenheit möchte ich dich, o Magier, rechtzeitig warnen und mach niemals von solchen alchimistischen Praktiken Gebrauch. Selbst dann nicht, wenn du annimmst, dass du in allem, was das magische Wissen anbetrifft, reif und erfahren genug bist, kann es dich dennoch leicht zu einem unüberlegten Schritt verleiten, besser ausgedrückt, verführen", klangen seine warnenden Worte in meinem Kopfe.

Bei dieser Verbindung mit Andimo hatten wir Gelegenheit, uns persönlich von seiner Macht zu überzeugen.

„Ich danke dir dafür, großer Herrscher. Eine Bitte hätte ich noch."

„Welche?"

„Könntest du für mich den Stein der Weisen herstellen und mir die Vorgänge erklären. Das wäre mir sehr recht."

„Gerne. Folgt mir!"

Er stand auf, und ging in seinen Keller, welche durch eine schöne geschwungene Treppe nach unten führte. Dort sah es aus, wie in einer Hexenküche, nicht unordentlich, nein, für Ordnung sind die Gnome ja bekannt, aber der Raum vermittelte einen mystischen Hauch des Geheimnisvollen. Es waren überall Kräuter aufgehangen, Kolben und Reagenzgläser standen schön in Reih und Glied. Auch eine offene Flamme loderte, der sich der

König als Erstes zuwandte.

„Wie Du siehst, ist alles schon vorbereitet, denn die Göttliche Vorsehung machte mich auf dein Kommen aufmerksam. Du wirst feststellen, dass vier den Elementen unterstehende Kräuter bereit stehen. Diesen wurden schon die drei Körper herausgezogen, sodass wir hier schon die Tinkturen, Essenzen und Extrakte vorliegen haben. Auch den vierten Körper, das Akasha, habe ich extrahiert, um mit ihm zu arbeiten."

Ich war im höchsten Maße erstaunt.

„Nun werde ich die göttlichen Eigenschaften der vier Tattwas gemäß in die Kräuterauszüge stauen, aber ich werde das mittels der Runen-Magie verrichten. Pass auf, Magier."

Er nahm plötzlich die Is-Stellung, dann die Ar-, Os- und abschließend die Ur-Runenstellung ein und es wurden die einzelnen Runen gesungen, sodass ich mitansehen konnte, wie die göttlichen Eigenschaften verdichtend in die drei Körper einfuhren und dort einen Glanz, ja ein goldenes Licht verbreiteten, das ich noch nie wahrgenommen hatte. Man konnte wahrlich die Ausstrahlung der Gotteseigenschaften fühlen.

„Nun verbinde ich mithilfe der Rit-Rune die einzelnen Matrizen mit den entsprechenden Körpern, um aus dem Ganzen einen Stein zu machen."

Dazu nahm er die bekannte Stellung ein, stellte sich auf sein rechtes Bein, das linke spreizte er vom Körper ab, den rechten Arm ließ er am Körper herunterhängen. Im Gegensatz dazu stemmte er den linken Arm in die Hüfte und sang die Formel Ra-Re-Ri-Ro-Ru. Eine polarisierte Schwingung machte sich bemerkbar, wie ich sie noch nie verspürte. Da war Leben drin, analog den beiden Schöpfergöttern, die indisch mit Devi und Deva bezeichnet werden. Ein enorm starkes Vibrieren, ein Kribbeln war bemerkbar. Dann sah ich, wie der Gnomenkönig weitere Stellungen einnahm, in dem er die sieben Planetenströme vereinigte und in den Stein staute. Töne von Harmonie und Einklang waren zu hören.

„Dies muss ich machen, damit der Stein universell ausgelegt wird, sonst würde er nicht so wirken, wie allgemein bekannt ist. So bringe ich den schöpferischen Aspekt Metatrons in den Roten Löwen rein. Deshalb ist seine Farbe auch rot, rot wie das schöpferische Feuer!"

Ich war hin und weg von dem kleinen König und seinem Können. Sein Wissen und seine Weisheit überstiegen alles, was ich jemals für möglich gehalten hätte. Ich bedankte mich bei ihm mit einer dezenten Verbeugung. Doch bevor ich gehen wollte, schenkte er mir noch als Erinnerung einen Teil des Steins der Weisen. Er überreichte ihn mir in einer eigens dafür vor-

gesehenen Schatulle, welche den Roten Löwen sorgfältig aufbewahren sollte. Nie sollte ich dieses Geschenk entheiligen und es für egoistische Zwecke missbrauchen. Ich sollte es nur einsetzen bei schwersten Erkrankungen oder um den Beweis zu erbringen, dass es einen solch reinen Stoff gibt.
Dass ich bei der Herstellung selbst mental dabei sein durfte, war für mich das Größte. Ich war total überwältigt! Ich denke, dieser Herrscher war ein Meister der irdischen Quabbalah, was man im Allgemeinen von einem Elementewesen nicht erwartet wird. Aber ich hab´s gesehen!

*„Im Erdelement ist es recht dunkel. Und dennoch wachsen seltsame kleine Bäumchen und Pflanzen, die sich anfühlen wie Kristall. Es gibt keine größeren Lichtquellen wie zum Beispiel in den anderen 3 Elementen. Das Erdelement ist der Erde am „nächsten". Von daher kam es schon häufig vor, dass Kinder oder medial veranlagte Personen diese Gnome direkt sehen können, weil der Astralstoff der Erde eben am dichtesten ist. Hin und wieder begeben sich einzelne Gnome an die Erdoberfläche, um gewisse Dinge, wie zum Beispiel Pflanzen, für ihre alchemistischen Arbeiten zu sammeln. Da dies meist Gnome untergeordneten Ranges sind, sind sie nicht so achtsam und dies erklärt, dass sie hin und wieder stofflich gesehen werden können. Der Gnomenkönig oder die Königin sind sehr viel größer gebaut als die Untergebenen. Der König, mit dem ich in Kontakt war, war nicht viel kleiner als ca. 1,50 Meter. Die Untergebenen, je nach Rang und Würde, sind nur bis zu 10 Zentimeter groß. Es ist ratsam, wenn der Magier sich mental so schrumpft, dass er ein wenig größer ist als der jeweilige König, weil es ein Universalgesetz des Erdelementes ist, dass die Größe eine bestimmte Rolle spielt. Der Magier kann ja durch mentales Schauen die Größe jeweils feststellen, um sich dann richtig anzupassen. Die Sphäre des Erdelementes ganz zu beschreiben, ist schier unmöglich, denn es würde separat mehrere Bücher mit hunderten von Seiten füllen. Man denke nur an die chemischen Verbindungen, organische und anorganische Stoffe, Entstehung von Kristallen usw. Ich hoffe, dass meine Beschreibungen ein wenig mehr Einblick in die Elementesphären geben und der Magier sich selbst von dem Gesagten überzeugen kann. Auch der Theoretiker kommt wohl auf seine Kosten",* sagte schon vor Jahren mein Lehrer Anion über dieses Element.

Als ich meinen Kopf von der Verbeugung wieder erheben wollte, sah ich, dass es um uns grüner wurde. Abermals wechselten wir die Ebene und mir war bewusst, dass dies das gefährlichste Element war, welches wir nun betraten. Mein Freund bereitete mich schon darauf vor.

„Ich schuf bereits Tage zuvor ein mächtiges magisches Volt der Fluide, welches alle erotischen Einflüsse von dir fernhält. So gestärkt," meinte er, „kann dir nichts geschehen. Aber dennoch: Vorsicht ist die Mutter der Porzellankiste."
Die Wasserwesen, die ich dort sah, überragten an Schönheit, Erotik und Eleganz uns Menschen bei Weitem. So etwas Schönes, Anziehendes sah ich noch nie. Ich musste vorerst „glotzen", jedoch ohne erotischen Hintergrund. Das hätte mich in Teufels Küche bringen können. Man würde nie auf eine unsympathische Nixe stoßen, da alle durch ihr Element äußerst anziehend sind. Auch hier herrschte eine bestimmte Intelligenzklasse vor, und obwohl alle Wasserjungfrauen wunderschön waren, wird es den Magier sofort zu den intelligenteren, den sogenannten königlichen Führerinnen, hinziehen, die mit besonderer Schönheit und Intelligenz ausgestattet waren. Diese Wesen verrichteten auch verschiedene Arbeiten mit dem Wasserelement und dem magnetischen Fluid.
Als ich so vor mich hinschaute, bemerkte ich, wie sich ein wunderschönes Frauenwesen mir näherte, aber nicht auf aufdringliche Weise, sondern mit einer schüchternen Erotik, wie ich sie auf Erden noch nie sah. Da lag Zartheit in ihren Bewegungen, und keine irdische Perversität.
„Vorsicht, Azon, sie versuchen, dich zu umgarnen, auf eine nette aber dennoch hinterhältige Weise. Das ist ihr Wesen, so wurden sie erschaffen!"
Aber vor der Schönheit solcher Wesen wurde ich schon in Meister Arions Werk „Der Weg zum wahren Adepten" gewarnt. *„Der Magier verliebe sich nicht dermaßen in ein solches Wesen, dass er den Boden unter den Füßen verliert. Eine solche Liebe könnte ihm zum Verhängnis werden. Damit ist nicht gesagt, dass er nicht sein Vergnügen mit den Wasserjungfrauen haben könnte. Stets behalte er aber das Motto im Auge, dass Liebe das Gesetz ist, aber Liebe unter Willen. Eine Wasserjungfrau könnte den Magier mit ihrer berückenden Schönheit, Lieblichkeit und dem berauschenden Eros derart gefangen nehmen, dass er Gefahr laufen könnte, einer der ihrigen zu werden, was seinen physischen Tod bedeuten würde. Wie viele Magier sind schon an so einer unglückseligen Liebe gescheitert. Deswegen sei der Magier stets stark, da gerade dieses Reich in der Sphäre der Elemente das Anziehendste ist, und verstünde er nicht, seine Leidenschaft zu zügeln, wäre er den Wassergeistern vollkommen ausgeliefert."*
„Auch wenn dein Meister sich einem Liebestaumel hingegeben hat, so tat er das zu seiner Schulung, und du solltest es ihm nicht nachmachen. Er ist der Meister, du bist hingegen nur ein Schüler."

„Ich werde es mir zu Herzen nehmen", sagte ich zu ihm. „Es wäre deshalb besser, wenn ich mich das erste Mal nicht so lange in dieser Welt aufhalten würde, wie es vorgesehen wäre, denn sonst würde mich diese Schwingung gefangen nehmen. Lass uns weitergehen, mein Freund."
Anufri nickte.
Zum Abschluss blickte ich in die Ferne und sah noch einen wunderschönen Palast aus Wasserkristallen bestehend. Die Sphäre des Wasserelementes strahlte nur so vor Üppigkeit und Fruchtbarkeit. Man findet hohe, grüne Bäume, wunderschöne Blumen und die Herrscher halten sich in Schlössern auf, die unseren Märchenbeschreibungen ähnlich sind. Einem Dichter fehlen zur Beschreibung die Worte. So auch mir. Auf Erden gibt es nichts Ähnliches an erhabener Schönheit und reinster Kunst. Hellsichtig erschaute ich, dass die Räumlichkeiten mit wunderschönen Kristallen geschmückt waren, sie hatten Lichtquellen, worüber man nur sagen kann, dass das Wasserelement in einem unbeschreiblichen Glanz strahlte. Denn auch das Wasser war bei der Schöpfung durch seine Kraft als Licht anwesend. Auch leuchteten gewisse Kristalle von selbst im Wasserelement. Tische und Stühle waren glasähnlich, viele Wände bestanden aus Spiegeln, die auch jeweils den Kontakt zur grobstofflichen Ebene herstellten, und man konnte dadurch alles überblicken, was in irdischen Bereich vor sich ging. Darüber konnten dann die Herrscherinnen ihren Einfluss geltend machen.
Selbst die Paläste glitzerten verführerisch schön, aber ich wollte Herr über meine Gefühle bleiben und weiter emporsteigen. Selbst Ariane muss noch immer achtgeben, wenn sie ins Wasserreich Eintritt nimmt. Denn die Gefahr zu fallen, ist immer gegeben. Sie ist dann doppelt so wachsam. Selbst eine so hohe Meisterin musste sich vor den gleichgeschlechtlichen weiblichen Nixen äußerst in Acht nehmen. Deren Schönheit und Anziehung ist unbeschreiblich. Das erotische Gefühl, das Kribbeln im Unterleib, weckt selbst bei sehr hohen Magiern immer noch eine Versuchung, die in dieser Ebene zur sexuellen Realität werden könnte. Durch die dort vorherrschenden Schwingungen hätte Ariane sich in eine Wasserjungfrau verlieben und eine lesbische Liebe anfangen können. Wie seltsam das auch klingen mag, aber es ist wahr!
Das Grün wechselte langsam ins Blau, und wir standen mitten in der Luft, umgeben von langen scheuen, zitternden, in ewiger Bewegung befindlichen Wesen, den Sylphen. Wir waren im Luftelement angekommen. Ich spürte sofort eine befreiende Leichtigkeit und mein Verstand war über alle Maßen angeregt, zu arbeiten. Ich bemerkte, dass mich die Wesenheiten wahrnah-

men, was sie für gewöhnlich nicht taten. Die Vermittlung dazu stellte mir mein Führer her, denn sonst hätte ich Monate gebraucht, bis mich die scheuen Wesen angesprochen und einen Kontakt zu mir aufgebaut hätten. Die Geister des Luftelementes unterscheiden sich in Form und Aussehen nicht viel von den Menschen. Sie haben eine nur leicht bläuliche Hautfarbe. Darunter gibt es sehr attraktive weibliche Wesen, die jedoch allesamt eine gewisse Scheu vor dem Menschen haben. Ich sah wunderschöne Wesen, die einen herrlichen ätherischen Leib besitzen, weich und geschmeidig. Mit meinem Geist ahmte ich die Luftgeister nach, indem ich mich schwebend mit Anufri, von der Luft getragen, hin und herbewege. Scheu mengten wir uns unter das luftig-leichte Volk.

„Dieses scheue Verhalten war schon immer so, allerdings ist es jetzt etwas schlimmer geworden, weil die Luftverschmutzung von den Wesen dem Menschen zugeschrieben wird, sodass sie gar kein Interesse mehr haben, mit dem Menschen auf irgendeine Art und Weise in Kontakt zu treten", sagte mein Führer zu mir. „Du weißt ja, dass bevor man die Sphäre der Luft betritt, braucht man den Mentalkörper nicht ändern, im Gegensatz zu den drei anderen Elementen. Es ist aber gut, sich vorher mit dem Luftelement zu laden, da sonst kaum ein Kontakt zustande kommen würde. Sie könnten uns schwer erkennen. Luftwesen sind ähnlich unruhig wie die Wesen des Feuerelementes, denn sie sind ständig in Bewegung. Die Erklärung können wir sogar im Grobstofflichen finden, wo die Luft immer ein wenig in Bewegung ist, bis auf ganz seltene Ausnahmen. Der Lord, mit dem ich dich in Verbindung bringen will, mein lieber Azon, hat sehr viele Untergebene. Seine Bekleidung ist am besten so zu beschreiben, wenn man sie als irdische weiß-strahlende Seide benennen könnte. Durch die Vermittlung des Lords werde ich dir einen großen König des Luftelementes vorstellen, der jedoch sehr schwer zu beherrschen ist, weil seine Aufgabe darin besteht Stürme, Orkane und Unwetter durch seine Kraft heraufzubeschwören. All diese Dinge haben nichts mit dem negativen Prinzip zu tun, auch wenn das vom Menschen so gesehen wird. Hier liegt der Mensch total falsch. Ein Sturm z. B. wirbelt das grobstoffliche Luftelement sehr durcheinander und dadurch wird eine weitgehende Verbesserung der Atemluft geschaffen. Diese Wirbel erzeugen durch Reibung eine elektrische Kraft in der Luft, die man als Belebung ansehen kann. Also eine Hilfe für den Menschen, damit er auch Kraft aus der Luft zieht. Du siehst, eine rein positive Auswirkung."

„Die Ebene des Luftelementes ist keine feste", klärte mich der König der

Sylphen, Cargoste, darüber auf. „Sie ist stets Wandlungen unterlegen, was z. B. bedeutet, dass kleinere oder größere Gebäude schnell entstehen, aber ihre Form ständig ändern."
Wie bei allen Elementen herrschen die Könige aus Palästen heraus, welche für solche Zwecke je nach der Mentalität des Herrschers erschaffen wurden. Der gesamte Bau unterstand seinem Wirkungsbereich und jeder Stein in der Wand drückt das Wesen des Herrschers aus, wodurch er besser seinen Einfluss auf der irdischen Ebene ausüben konnte. Der Palast stellt sozusagen seinen Charakter, seine Aufgabe, sein Temperament dar. Damit wurde sein göttliches Wesen in Stein gemeißelt.
Es gab selbst im Luftelement Pflanzen, die ich aber nicht definieren konnte, weil sie sehr abstrakt aussahen. Auf der grobstofflichen Ebene äußern sich diese Pflanzen z. B. im Pfefferminz, Lungenkraut und allen anderen Pflanzen, die das Atmen erleichterten.
Immer noch erstaunt über die reichhaltigen Erfahrungen, schwebte ich im blau-leuchtenden Licht dieses Elementes. Der Palast war sehr berauschend anzusehen. Zu wissen, dass dieses Gebäude das Innere vom Luftkönig war, mittels welcher er seine Macht nach außen hin darstellte und benützen konnte, war sehr aufschlussreich. Ich war so hingerissen, von der Schönheit des glitzernden und glänzenden Regierungssitzes, dass ich anfangs kaum bemerkte, wie sich die Temperatur erhöhte.
„Azon", ertönte mein Name, welcher mich aus meinen Träumen riss. „Wir befinden uns jetzt im Feuer-Reich. Hier ist alles sehr heiß und alles in einem Rot-Ton gehalten."
Im vorigen Element, dem der Luft, konnten wir wahrnehmen, dass die Luftgeister unstet und dauernd in Bewegung waren. Dies traf in erhöhtem Maße bei den Feuergeistern zu, den Flammen ähnlich, ständig züngelnd. Es war eine karge Gegend. Wie in einer verbrannten Wüste sah es aus, als ob Feuerstürme darüber hinweggezogen waren. Wir begaben uns in den tiefsten Mittelpunkt unserer Erde. In das reinste Magma. Diese Feuergeister haben bei Weitem tiefere Kenntnisse als die in den Kratern sich aufhaltenden Feuergeister. Und so war es auch. Die Sphäre des Feuerelementes kam uns Besuchern sehr karg und gebirgig vor. Es gab kaum Pflanzen, die höher waren als etwa einen Meter. Jedes Feuerwesen, wenn es nicht seine abstrakte Form hatte, war bekleidet, aber durch die Helligkeit konnte man diese Kleidung nicht sehen. Auch hier trugen die Könige und Fürsten Kronen, wie im gesamten Astralplan. Insgesamt hielten unsere Mentalkörper die Ebene des Feuers sehr gut aus. Erst das Zusammentreffen in diesem Reich

mit Intelligenzen rief mentale Schmerzen hervor, die sich in extremer Hitze äußerten, welche den Mentalkörper wieder zurück in den Stofflichen hätte werfen und Schäden zurücklassen hätte können. Wir fanden in dieser Ebene auch gewisse Gebäude von sehr abstrakter Bauart, die sehr schlecht zu beschreiben waren. Es gab im Feuerelement selbst Tiere, die mit einer irdischen Lebensform allerdings nichts zu tun haben. Zum Vergleich kann man das Tier des irdisch-mystischen Salamanders anführen, dem die Eigenschaft des Löschens von Feuer zugesprochen wird. Deshalb unterstellt man ihn auf Erden dem Feuerelement. Außerdem hatten wir in dieser Ebene auch Stürme, die sehr heftig waren, worunter der Astralkörper sehr gelitten hätte. Der Mentalkörper empfand das nicht so. Dies traft aber nur auf einen Magier zu. Ein Sterblicher würde es hier nur eine paar Sekunden aushalten. Mit schweren gesundheitlichen Schäden würde er auf Erden ankommen.
Für die normalen Feuerwesen schufen diese Stürme eine gewisse Art von Nahrung, ansonsten sogen sie ihr Element ein, welches ihnen die nötige Lebenskraft gab und sie mit der nötigen feurigen Energie versorgte. Diese Sphäre erschien in ihrer hohen Form in sehr grellem Licht. In der niederen Form sah man sie in einem satten hellen Gelb.
Es fiel mir recht schwer, mental das Aussehen eines Feuerwesens nachzubilden. Es ist ein schwieriges Training, das eine äußerst gute Imagination voraussetzt. Zum Glück wird die Vorstellungskraft im „Adepten" gut ausgebildet. Passt man sich dem Wesen nicht exakt an, so wird man von diesem nicht erkannt. Deshalb schreibt Meister Arion, dass man sich die Form dieser Wesen im magischen Spiegel vorher ansehen soll.
Einen Fürsten des Feuerelementes bewusst kennenzulernen, war aber auch für mich schon sehr gewagt. Denn das Feuer stellt eine gewaltige Kraft dar, die durch ihre Expansion nach außen hin in Wirkung tritt. Nicht nur dies, denn ein Elementefürst ist ein göttliches Wesen, und dadurch bekommt das Feuer gewaltige schöpferische Qualitäten! Den Fürsten Amtophul in seiner ursprünglichsten Form könnte man gar nicht als Wesen bezeichnen, sondern als gleißendes Licht, welches eine enorme Ausstrahlung auf den Mentalkörper hat. Er verkörpert ja das göttliche Feuerelement in seiner gesamten Kraft und Ausstrahlung. Er kommt nicht als kleiner Hanswurst daher, sondern in seiner Gottesform. Bei diesem Wesen verspürt man sofort die knisternde Elektrizität, die mich völlig durchdrang und letztlich das elektrische Fluid, welches beinahe noch unangenehmer war. Man könnte das damit vergleichen, als dass man direkt vor einem Lavaberg steht. Man war kaum in der Lage zu atmen, geschweige denn zu denken. Mein Geist wurde

durch diese feurige Gewalt stark daran gehindert, weil sein Wille mächtiger war als meiner.

„Warte, Azon, ich helfe dir, sodass du mit dem Wesen sprechen kannst und seine starke Ausstrahlung aushältst."

Ein Ton, ein Lichtglanz kam zum Vorschein und ich merkte, dass mein Schutzgeist die Worte der Macht sprach. Ein Elementewesen darf man niemals zuerst ansprechen, sondern man muss sogar als Magier warten, bis man angesprochen wird. So will es das Gesetz! Deswegen mussten wir uns gedulden. Dabei fiel mir auf, dass von den Elementewesen die Salamander dem Menschen am wenigsten glichen. Ihre Körperform ist nicht von menschlicher Gestalt. Dies gilt auch für die Weiblichen. Aber langsam formte sich aus seiner sehr großen Helligkeit ein dünner Strahl, der sich dann langsam ausbreitete, wobei die Lichtintensität allmählich abnahm. Ich möchte noch bemerken, dass selbst die Salamander niederer Art den Menschen körperlich an Größe stets überragen. Nur die höheren Fürsten und Könige des Feuerelementes haben eine abstrakte Ähnlichkeit mit dem Menschen. Nachdem Amtophul in voll entwickelter Form vor mir stand, bemerkte ich eine ständige Unruhe und Veränderlichkeit. Das Gesicht sah sehr streng aus und der Hals war etwa dreimal so lang wie der eines Menschen. Nie stand dieses Wesen still an einem Platz. Immer loderte es. Letztlich bemerkte ich, dass ich schrill angesprochen wurde, was für ein Begehren ich hätte. Meine Antwort war sehr knapp, ich wollte über seinen Aufgabenbereich etwas wissen.

Er klärte mich auf: „Jeder Herrscher hat eine sehr große Anzahl von untergebenen Feuergeistern, die unter seiner Gewalt und stets und ständig ihm zur Verfügung stehen. Die Feuerwesen können dem Magier verschiedene magische Anweisungen bezüglich des Feuer-Elementes geben, z. B. wie durch das Feuer-Element unter Zuhilfenahme von verschiedenen wirksamen Ritualen hervorragende Wirkungen erzielt werden können u. dgl. m. Manch ein Fürst von uns verursacht auf direkte oder auch indirekte Art Vulkanausbrüche und leitet alle Ereignisse in die Wege, die mit heftigen und großen Feuerbränden zusammenhängen. All dies wird auch dir eines Tages beigebracht werden, Azon. Diese können unter Umständen nicht nur von dir heraufbeschworen werden, sondern auch beherrscht und beschwichtigt werden. Wer uns Feuergeister unter seine Macht bekommt und sich uns zum Freunde macht, kann nach unseren Weisungen durch das Feuer-Element Großes zustande bringen, allerdings unter der Voraussetzung, dass sein Tun und Handeln nicht gegen die Gesetze der göttlichen Harmonie

verstößt. Aber die richtige Intuition hilft einem dabei weiter. Wir können dir rituelle Übungen vermitteln, Gesten, Sprüche und Handstellungen, die eine sofortige Wirkung des Feuers zulassen. Aber hüte dich, sie unbegründet zu verwenden. Dadurch kannst du auch verschiedene Arten von Gewittern entstehen lassen oder, falls Gewitter schon im Gange sind, diese zum Stillstand bringen. Alles, was durch Blitze und Donner geschehen kann, wird durch Rituale, Formeln oder durch Wesen bewerkstelligt."
„Mithilfe dieses Feuergeistes und seiner Wesen habe ich schon des Öfteren Gewitterbeeinflussungen erfolgreich vorgenommen", mischte sich Anufri in das Gespräch ein.
Amtophul nickte dazu.
„Warte, ich beweise es dir", sagte der Salamander.
Sein magischer Spiegel, den er seitlich aufgestellt hatte, veränderte sich, nahm die gesamte Wandfläche ein, und ich sah, was ich nie für möglich gehalten hätte. Wir sahen im geladenen Spiegel des Feuerwesens, wie es das Geschehen aus nächster Nähe auf Erden beobachten konnte. Er sprach eine Formel in seinem Tempel des glühenden Feuers, alles wurde extrem heiß, und augenblicklich hörte das Gewitter über einer Großstadt auf zu wüten. Die Wolken lichteten sich und die Sonne kam erneut zum Vorschein.
Doch ich merkte sofort, dass dieses Wesen eine Macht ausstrahlte, die ich niemals ganz unter meine Kontrolle bekommen würde. Denn hinter diesem Wesen stand noch ein viel höheres, welches ihm diese Macht verlieh. Das Wesen ist nämlich ein Teil von Metatron, welche sich in den weiteren kleinen Arkanen noch zeigen wird.
In unserem Gespräch bemerkte ich, dass ich nach und nach den Scharfsinn und die Intelligenz dieses Wesens aufs Höchste einschätzen musste. Sein Denken war sogar von übermenschlicher Natur. In einer Diskussion wäre er immer als Sieger hervorgegangen. Denn sein Feuer brannte nicht nur, nein, es war schöpferisch aktiv, die göttliche Gewalt stand mit ihm in Verbindung. Deshalb war es sehr weise von Meister Arion in seinem „Adepten" eingerichtet, den Elementestauungen einen so gewichtigen Raum zu geben. Ohne diese Praxis in Verbindung mit der höheren Macht, welche einen gleich zum Feuerball unglaublicher Kraft emporschwingen ließ, war es unmöglich, auch nur annähernd einem Salamander sich zu nähern. Seine Feuerkraft hätte sogar im Mentalkörper schwere Schäden hervorgerufen, die sich körperlich in gesundheitlichen Problemen schwerer Natur äußerten.
Von Amtophul erfuhr ich eine Menge über die Vielseitigkeit des elektrischen Fluides und welche Körperteile beispielsweise dem Feuerelement zu-

geordnet sind und welches fluidal, z. B. in einer Krankheit, behandelt werden muss. Ich wurde aufgeklärt, wie wichtig so etwas für einen Körper ist, denn bei manchen Organen kann die direkte Elemente- behandlung tödlich verlaufen. Im Zweifelsfall sollte man nur mit dem elektrischen Fluid arbeiten.
Er verneigte sich, gab zum Abschied eine gebührende Geste, die ich dankbar erwiderte, und wir waren aus seinem Palast des schöpferischen Feuers verschwunden.
„Komm, wir gehen jetzt weiter, auch wenn es für dich noch so aufregend war. Wir Hermetiker bleiben nicht stehen, wir wollen den gesamten Kosmos ergründen. Du weißt, dass dies alles nur möglich ist, wenn man immer mehr seinen Charakterspiegel bearbeitet und einsieht, dass deren Vergöttlichung unbedingt nötig ist. Je tiefer die Angleichung des Seelenspiegels an das Akasha ist, desto mehr werden einem Tür und Tor geöffnet. Erkenne dich selbst, öffnet dir alle Geheimnisse", sagte mein Führer.
„Das heißt also, dass je mehr man sich ausgleicht, desto feiner werden die Ebenen, in die man gelangen kann. Und darüber hinaus, je mehr man sich göttliche Tugenden, wie die der Allweisheit aneignet, desto höher wird die Sphäre, desto schöner, belebender, erkenntnisreicher wird es in den geistigen Welten. Je mehr man seinen Geist vergöttlicht, je mehr man in die Mysterien der kleinen Arkanen eintaucht, umso mehr wird einem offenbart. Aber dazu kommen wir noch."
Und darauf freute ich mich schon, denn ich wusste, dass die letzte Etappe der goldene Palast des Lichts war, den Mahum Tah-Ta erbaute. Der Tempel hat viele Namen, aber bekannt wurde er durch H. P. Blavatsky unter dem Begriff Shamballa. Selbst Ernst Quintscher sagte mir in einer Vision, dass der Zutritt zum Tempel nicht für jeden gewährt wird. Man muss sich immer und ewig bewusst unter Kontrolle haben, denn wenn ein Gottmensch einen Fehler macht, hat das schlimmste Auswirkungen. Ariane kam z. B. aus nervlichen Gründen mit ihrem Schicksal nicht mehr klar und versuchte einen Selbstmord. Es gelang ihr zwar nicht, aber dennoch wurde sie dafür bestraft. Sie wurde von Mahum gerügt und wäre fast aus der Bruderschaft ausgeschlossen worden.
Nicht nur das, sondern man muss sich vollkommen beherrschen, darf nicht den kleinsten falschen Gedanken äußern, denn dieser würde sich augenblicklich verwirklichen. Die Brüder setzen auch solche Ursachen, wofür sie dann die Folgen in Astralreich abtragen müssen. Sie müssen dann ihre Hülle des Seelenkörpers annehmen, des Körpers der Gefühle, und Schmerz und

Leid ertragen, um eine Wirkung zu erzielen. Es kommt dann vor, dass sie in eine niedere Astralebene kommen, wo sie eine Krankheit oder z. B. einen Beinbruch ausheilen müssen. Die Krankenhäuser sind natürlich viel schöner und harmonischer, wie hier auf Erden, aber im Vergleich zum Tempel des Lichts sind sie wiederum viel dumpfer und materieller.
Deshalb ist es wahrlich eine hohe Ehre und Auszeichnung, wenn man im Shamballa zugelassen wird und die Tore einem geöffnet werden. Und mir wurde das ermöglicht. Ich war mir dieser Gnade bewusst und das sagte ich auch meinem Freund.
Doch zuvor wollten wir noch die höheren Dimensionen durchwandern. Der astrale Lichtstoff, vielfach Astrallicht genannt, ist die höchste göttliche Emanation in der astralen Welt. Die Religion eines jeden einzelnen spielt sich in der Astralsphäre insofern ab, als er seinem Gott laut seiner religiösen Weltanschauung auf der grobmateriellen Ebene Form und Namen gibt.
Sie erscheint außerordentlich hell leuchtend und strahlend, was sie für Wesen sehr anziehend macht, die nur an die düsteren Farben der Erde gewöhnt sind. Die Intensität der Farben, Gefühle und des Lichts ist so stark, dass man es auf Erden niemals beschreiben bzw. begreifen kann. Man muss es erleben. Diese kosmischen Schwingungen rechtfertigen erst das schmückende Beiwort „astral", d. i. sternartig strahlend, das dieser ganzen Ebene verliehen wurde. In der untersten Ebene dieser Welt befinden sich all die verweltlichten Himmel, die in den volkstümlichen Religionen der ganzen Erde eine so große Rolle spielen. Die ewigen Jagdgründe der Indianer, das Walhalla der Nordländer, das Paradies der Christen und der Muslime, der reich mit Bildungsanstalten versehene Himmel der materialistischen Reformatoren – alle haben hier ihren Platz.
Männer und Frauen, die verzweifelt an jedem „Buchstaben, der tötet" hängen, erleben hier die buchstäbliche Erfüllung ihrer Sehnsucht, indem sie unbewusst durch ihre Vorstellungskraft, die sich nur von der äußeren Schale der Heiligen Schriften nährt, aus dem vierpoligen Astralstoff jene Luftschlösser bauen, von denen sie träumen. Die gröbsten religiösen Vorstellungen finden hier ihre zeitweilige Verwirklichung als Wolkengebilde der Buchstabengläubigen aller Glaubensrichtungen. Die nach eigener egoistischer Erlösung in einem sehr materialistischen Himmel erfüllt waren, finden hier eine geeignete, ihnen Genuss gewährende Wohnstätte, die eben jene Verhältnisse aufweist, an die sie auf Erden glaubten. Sie bauen astrale Kirchen, Schulen und Häuser und schaffen so den materialistischen Him-

mel, den sie erträumten. Ein schärferer Blick findet ihre Gründungen absolut unvollkommen, ja oft erscheint er pathetisch grotesk. Aber sie selbst empfinden ihre Schöpfungen mehr als befriedigend. Menschen gleicher Religion scharen sich hier zu gemeinsamem Wirken zusammen, so dass sich Gemeinden bilden. Aber es gibt auch Einzelfälle.
„So ist es auch deinem Freunde Michael, einem Mitglied im „Bardon-Kreis des Bundes" ergangen. Willst du sehen, wie dieser lebt?"
„Ja, bitte."
Und eine Sekunde später standen wir im Reich meines inzwischen verstorbenen Freundes Michael. Was ich dort sah, konnte ich nicht für möglich halten. Es war aber real! Ich befand mich in einem Raum eines Hauses, besser ausgedrückt einer Ruine, die unordentlich und zum Teil zerfallen war. Er kam auf mich zu, mit Stolz in seinen Augen, und sagte: „Na, Azon, wie gefällt dir meine Burg, die ich mir hier aufgebaut habe?"
Ich konnte erstmals nichts sagen, wollte ihn aber auch nicht traurig stimmen, denn diese Umgebung war schon depressiv genug.
„Ja, das hast du dir recht ordentlich eingerichtet," und schaute auf seine karge Inneneinrichtung, die nur aus ein paar Holzstühlen und einem Tisch bestand. Er führte mich rum, zeige mir alles. Und sein Stolz schwoll immer mehr an. Er glaubte fest daran, dass dies das schönste Haus in der gesamten Astralebene war. Ich musste Anufri ansehen, und er erblickte sofort meinen Wunsch. Und plötzlich waren wir außerhalb dieses schrecklichen Gebäudes.
„Also, das ist echt schlimm. Dass das mit einem ehemaligen Hermetiker gemacht wurde, schockt sehr."
„Er war immer rechthaberisch und hatte seinen Glauben an seine Gottheit verloren. Weshalb sollte er dann eine schöne „Behausung" bekommen? Er lebt in der Verlorenheit, denn seine Gottheit ist gegangen."
Ich konnte nur schweigen, zu etwas anderen war ich nicht fähig.
Anufri setzte fort: „Viele Menschen sind sich jedoch klar, dass noch viele Möglichkeiten eines höheren Lebens vor ihnen liegen, und dass sie früher oder später in noch feinere bis feinste Welten aufsteigen werden.
In diese darunterliegende Region kommen hauptsächlich künstlerische und intellektuelle Menschen einer weiter fortgeschritteneren Art, welche in einer verfeinerten und zarten Mentalität ihres Wesen lebten. Ihre Umgebung gehört zum Besten, was in der Astralwelt überhaupt zu finden ist, da ihre schöpferischen Gedanken das leuchtende Material ihres vorübergehenden Aufenthaltsortes zu wunderbaren Landschaften und wellenbewegten Mee-

ren, zu schneebedeckten Bergen und fruchtbaren Ebenen umgestalten, zu Szenerien, die, auch wenn man sie mit dem Herrlichsten vergleicht, das die Erde zu bieten hat, als feenhaft schön erscheinen. Sie sind von einer etwas fortgeschrittenen Art und haben einen klareren Blick für ihre Grenzen. Obwohl noch egoistisch, streben sie schon klarer danach, aus ihrer gegenwärtigen Sphäre herauszukommen und einen höheren Zustand zu erreichen.
Diese Ebene wird auch von geistig reifen und rein intellektuellen, aber durch den Lichtträger „Luzifer" ans Irdische gebundene Menschen bewohnt, die während ihres Erdenlebens materialistisch dachten und handelten. Diese Menschen waren an die Methoden der Erwerbung von Wissen durch den niederen Verstand im physischen Körper so behaftet, dass sie ihre Bestrebungen in der alten Weise fortsetzen, wenn auch mit erweiterten Möglichkeiten. Mancher Forscher lebt hier durch viele Jahre, ja selbst durch Jahrhunderte, buchstäblich in einer astralen Bibliothek, studiert eifrig alle Bücher, die seinen Lieblingsgegenstand behandeln, und ist mit seinem Los vollkommen zufrieden. Menschen, die sich einer bestimmten wissenschaftlichen Forschungsarbeit verschrieben und die ihren Leib abgelegt haben, ohne dass ihr Wissensdurst gestillt war, verfolgen ihre Ziele noch immer mit unermüdlicher Ausdauer, gefesselt durch ihr Haften an den irdischen Forschungsmethoden.
Diese Forscher auf allen Gebieten und Männer der Wissenschaft bleiben je nach Karma eine Weile in dieser astralen Region, sich langsam von ihrem Astralkörper lösend, aber noch an das niedere Leben gefesselt durch das eifrige und lebhafte Interesse an jenen geistigen Bestrebungen, in denen sie eine so bedeutende Rolle gespielt haben, sowie dadurch, dass sie astral einige der Pläne zu vollenden trachten, aus denen sie der Tod gerissen hatte, bevor sie Wirklichkeit geworden waren.
Oft zweifeln solche Menschen daran, dass höhere Möglichkeiten vor ihnen liegen und schrecken vor dem zurück, was praktisch einen zweiten Tod bedeutet, vor dem Versinken in Bewusstlosigkeit der raum- und zeitlosen Mentalebene, dass der Geburt des Geistes in das höhere himmlische Leben vorangeht. Dort haben sie keine Anhaltspunkte und verlieren sich im Nichts. Ihr Bewusstsein wird ohnmächtig. Sie schlafen! Im unbewussten Zustand erleben sie das Gefühl einer Seligkeit, die so intensiv, so grenzenlos und unergründlich ist, dass sie die kühnsten Träume übersteigt. Es ist die Seligkeit der hohen Mental-Sphären, der Welt, zu der der Geist seiner Natur nach gehört. So niedrig und gemein auch viele ihrer Leidenschaften, so seicht und unlauter auch viele ihrer Begierden gewesen sein mochten, so

hat auch jeder den Glanz der höheren Natur gefühlt, einen gebrochenen Lichtstrahl aus der reinen Welten der Ideen empfangen. Diese Gedanken und rein geistigen Ideen wirken in deren Unterbewusstsein bis zur Verwirklichung in fernen Zeiten und bringen den gebührenden Ertrag."
Ich war auf das Höchste erstaunt, was mein Schutzgeist mir so erzählte. Aber er musste es ja wissen, da er all diese Ebenen durchlebt hatte und vollkommen beherrscht. Ich guckte mir die Welt an, in der wir uns gerade befanden. Alles strahlte, alles lebte, alles war in Harmonie. Es war unbeschwert und leicht, ohne Sorgen und Bindungen. Auf der Astralebene sind die Formen leichter bildsam, somit sind sie viel lebendiger als auf Erden. Alles ist in Bewegung und diese Tätigkeit untersteht dem Gesetz der Rit-Rune. Diese Schwingung belebt die gesamte astrale Welt. So ist die wahre und reine Ebene im Astralen, die Welt eines ausgeglichenen Menschen, der Herr über seine Gedanken und Gefühle ist. Das Land der Wunder! Aber meistens ist die astrale Landschaft jener unserer Erde sehr ähnlich, weil sie größtenteils aus den astralen Gegenstücken physischer Dinge besteht. So sann ich über all das Gesagte nach und wollte mir das schon vergegenwärtigen, als Anufri mich aus meiner Meditation riss.
„Schau, mein Freund, nun siehst du, wie ein hoher Vorsteher der Erdgürtelzone magisch arbeitet."
Ich drehte mich um und sah erstaunt folgende Bilder: Im astralen Sternenhimmel nahm ich ein Blitzen, ein Schwirren wahr, ich hörte ein Vibrieren, wobei ein Stern immer näher kam, zur gigantischen Sonne wurde und dann immer mehr menschliche Form annahm.
„Das Wesen musste aus seiner ursprünglichen Form heraus und einen Körper annehmen, denn die Wirkung soll in der Materie vonstattengehen", erklärte mir mein Freund.
Eine riesige Aura, eine gewaltige Kraft war nicht nur zu sehen, sondern auch zu spüren, die in allen sieben Planeten-Farben sich widerspiegelte. Ich sah seine Krone aufleuchten in glänzenden Licht, er nahm die Verbundenheit mit Metatron an, um so zu wirken, dass er durch seine magische Operation einen durchschlagenden Erfolg hervorrufen wird. Ich hörte eine quabbalistische Formel, welche zu einer blau-roten Kugel sich verdichtet und sozusagen materialisiert wurde. Die Kugel wurde immer größer und größer und mit einem weiteren Ton wurde sie ins Nichts, ins große Akasha, geschleudert. Ein harmonisches Dröhnen begleitete diese Tat. Das Wesen nahm erneut seine Ur-Form an und wurde wieder zum Stern in der feinstofflichen Welt, und war unseren Blicken entschwunden. Verblüfft blickte

ich meinen Führer an.

„Dieses gewaltige Volt wird sich in ein bis zwei Tagen auf Erden auswirken, und eine Umstellung der Menschen in Bezug auf die Natur bewirken. Viele Menschen achten nicht auf sie, deshalb wurde diese Tat bewerkstelligt."

Als mein Führer seine Erklärungen beendete, erstieg ich langsam einen Berggipfel, den ich vorher entdeckt hatte, und sah mir aus der Höhe die astrale Welt an. Die ersten Strahlen der Sonne erleuchteten die fruchtbare Erde unter mir und die Wellen des großen grünen Meeres vor mir wurden mit einem goldenen Schein umwoben, während auf dem Platze, wo ich stand, ein goldenes Leuchten zurückgeblieben war, wie ein Zeichen der Hoffnung des voltierenden Engels.

Als ich den Berg noch etwas weiter hinaufstieg, bemerkte ich, wie ein majestätischer Geist in einem langen, grünen, mit kleinen goldenen Sternen durchwirkten Gewande mich erwartete. Und als er sich von seinem Sitze erhob, um mich zu begrüßen, sah ich, dass an seinem Kleid weißgoldene Flügel von durchgeistigter, luftiger Schönheit befestigt waren, während an seiner Stirn ein goldener aufrechter Stern glänzte. Sein Äußeres war von großer Schönheit, seine Haltung majestätisch, seine Gestalt hoch und gebietend. Seine Züge ließen auf eine orientalische Abstammung schließen. Die Gesichtsfarbe war blass oliv; die dunklen und milden Augen besaßen einen samtartigen Glanz und drückten Kraft und Sanftmut zugleich aus. In seiner Hand hielt er etwas, das mich an den magischen Stab erinnerte.

„Siehe", sagte er mit ernster Stimme, „ich bin jener Geist, von dem Anufri zu dir gesprochen hat. Du hattest den Wunsch, in die Geheimnisse der höheren Astralwelt einzudringen. Siehe! Ich will dich in diese geistige Wissenschaft einführen und dir weitere Aufschlüsse bieten. Du sollst die Gesetze kennenlernen, durch die diese Sphären regiert werden können, und ich will dir die Mittel und Wege zeigen, wie man in ihnen schöpferisch wirken kann.

Wie du sicherlich schon gelesen oder auch gehört hast, oder dir ist es in diesem Reich aufgefallen, dass der Schüler der geistigen Wissenschaften es nicht lange auf der materiellen Erde aushalten kann, weil seine wahre Heimat die Astralebene ist, wodurch eine Sehnsucht entsteht, der er nicht lange widerstehen kann. Jede Religion berichtet davon in unterschiedlichen Worten und hat ihre eigenen Begriffe. In dieser Welt erwartet den Schüler ein Farbspektrum, welches mit bloßen Worten nicht beschrieben werden kann. Nach weiterem Aufsteigen wird er feststellen, dass diese Ebene von Bäumen, Gräsern, Tieren usw. bewohnt wird. All diese Natur hat ein inneres Leuchten, welches die Charaktere und die Kraft der Tiere oder Pflanzen zeigt. Kein Geschöpf der Natur auf der Astralebene ist scheu oder bösartig. Es ist dem Paradies, dass in der Bibel beschrieben wird, ähnlich, aber bei Weitem wundersamer und viel herrlicher.

Auch in der Astralebene gibt es Tag und Nacht, wobei die Dunkelheit nicht so ausgeprägt ist, wie auf unserer stofflichen Welt. In höheren Ebenen gibt es nur noch Licht! Wir können einen Wald durchstreifen, und da die Bäume und Gräser die vorher genannte Strahlkraft haben, wird eine gewisse Art von Helligkeit sehr deutlich. Flüsse, Seen und Meere sind wunderschön und haben eine smaragdgrüne Farbe.

Ein astraler Mensch kann zu Fuß unbeschadet über alle Gewässer laufen, welche eine heilsame Kraft magischer Natur auf ihn ausüben. Wunderschöne Nixen und Wassermänner tummeln sich darin und geben dem Wasser ihr Leben. Alles ist in Bewegung, alles fließt in seinem Rhythmus.

Prinzipiell laufen die höher entwickelten Menschen in der Astralebene nicht, sondern wünschen sich an ihren Zielort, wo sie dann augenblicklich eintreffen. Auf der Astralebene gibt es weder Hunger noch Krieg, weiterhin fehlen Feindschaft, Neid und alles Negative. Dies ist nur in den untersten Ebenen als Widerspiegelung enthalten und gehört schon zu dem Reich der Dämonen. Der Grund dafür ist, dass das negative Prinzip nur auf der materiellen Erde und ihrer entsprechenden astralen Region wirksam sein darf. Dies ist ein universelles Gesetz!

Die Sprache ist symbolisch und wird telepathisch übertragen. Das hängt mit der Reife des Menschen zusammen, wie und ob er diese Symbole entschlüsseln kann. Deswegen gab es immer wieder diese verwirrten Ansichten von den höheren Ebenen. Denn nur ein reiner Mensch kann die Zeichen richtig deuten! Und davon gibt es wenige!

Es gibt auf der Astralebene auch Ortschaften und kleinere Städte, die jedoch ganz anders beschaffen sind als auf der grobmateriellen Ebene.

Auf der Astralebene gibt es auch hermetische Schulen, wo eben diese geistigen Gesetze von sogenannten Lehrern, die meist menschlicher Natur sind, gelehrt werden, aber die Astralebene schon länger bewohnen und daher die Gesetze ausreichend lehren können. Von Zeit zu Zeit manifestiert sich ein universelles Wesen, welches die höheren Gesetze preisgibt und die Entwicklung beschleunigt. Wie wir wissen, wird die Astralebene auch von hohen Urintelligenzen und Genien bewohnt. Diese haben keine menschliche Gestalt, sondern stellen sich als Kraftfelder, als Sonnen, dar und in ihren

Farben spiegeln sich ihre Eigenschaften."
Ich dankte dem Wesen für seine Darlegung der Gesetze und erwartete das Weitere.
„Wir steigen nun auf in eine sehr hohe und reine Ebene. Langsam aber sicher passen wir uns dieser Schwingung an, denn sonst würde es dir zu stark aufs Gemüt schlagen. Die Schwingung der einzelnen Ebenen würde dich zu stark beeinflussen", sagte der Genius.
Als ich hierauf freudig zustimmend nickte, nahm der Vorsteher meine Hand. Obwohl ich seine Berührung nicht direkt fühlte, wurde ich doch sogleich mit Gedankenschnelle emporgehoben und sah uns in wenigen Augenblicken in der Nähe eines wunderbar schönen und beeindruckenden Tempels schweben.
Aber um in die Sphären einzutreten, muss man zuerst an den Wächtern vorbei. Das sind die Hüter des Eingangstores, die nur den Reifen in die Geheimnisse der astralen Welt Einblick gewähren. Sie erkennen sofort hellsichtig die Zeichen, ob man die nötige Reife, Erfahrung und Schulung durchgemacht hat und ausreichend vor dem Neuen, Unbekannten geschützt ist. Andererseits schützen sie durch ihr Auftreten den Unreifen vor Gefahren, denen er sich ansonsten aussetzen könnte. Wir standen sozusagen an der Schwelle in die neue Sphäre.
Den leuchtenden Glanz des schneeweißen Gewandes des Wächters vermochte ich mit Worten nicht zu schildern, die edle Schönheit seiner Gesichtszüge in meiner Sprache nicht auszudrücken. Doch was sah ich da? Ich wurde freudig bewegt, als ich die teure Freundin und Gefährtin meiner Kindheit und meines geistigen Lebens mir nähern sah. Aluna, meine Zwillingsseele erwartete mich vor der Schwelle. Sie saß meditierend im Asana. Über ihren Kopf sah ich ein goldenes Leuchten, welches in vier Lichtstrahlen aus dem Kopfe drang, sich nach oben hin verjüngte, und eine wunderschöne Krone bildete. Sie bereitete sich vor, über die Schwelle in die nächst höhere Ebene zu treten. Denn der beste Schutz ist immer noch die Gottesverbundenheit.
Der Engel wandte sich zu mir und sagte lächelnd: „Blicke auf! Azon, und siehe nun die Krone der Aluna, siehe die Visionen ihrer Verbundenheit."
Während er noch sprach, hörte ich eine wunderbare Musik ertönen, Töne, die es auf Erden gar nicht gab, erklangen in meinem Ohr und ich sah, wie eine strahlend helle Wolke vor mir erschien. Und als diese näher und näher zu mir herankam, wurde ich gewahr, dass sie aus einer großen Anzahl von Wesenheiten eines Sternes, einer Sonne bestanden, die aus den vier Farben

der Elemente zusammengesetzt waren und jeder eine Göttliche Eigenschaft verkörpert, die symbolisch gesehen, Lotusblumen all überall ausstreuten, sie im Raum verteilten. In ihrer Mitte bemerke ich eine große Menge weißgoldener Blüten, die einer Lotuswolke glichen von unnennbarer Erhabenheit, auf welcher die liebliche Gestalt meiner Frau ruhte. Verzückt durch ihre Ekstase.

Als sie zu mir niederschwebte, erschienen mir zwei Sterne, ein Silber- und ein Goldstern, aber jetzt sind sie nahe beieinander. Ich betrachte sie, und sah, dass die Strahlen des Goldsternes sich mit denen des Silbersternes vereinigten und ihre Farbe versprühte unzählige Funken leuchtenden Lichtes. Es sah aus wie ein Regen in Gold verwandelt. Nun wusste ich, dass die Stunde ihres höchsten Glückes nahe herbeigekommen war. Ihre Augen glänzten in freudiger Erwartung ihrer Gottheit. In diesem glücklichsten Augenblicke ihres Daseins wurde mir bewusst, warum sie zu mir gesandt wurde; nämlich aus dem Grunde, damit wir, die wir die Sorgen und Leiden des Lebens gemeinsam getragen haben, nun auch seine Freuden und den Erfolg gemeinsam genießen sollten. Indem ich so von tiefster Dankbarkeit für alle ihre Freundschaft erfüllt war, wandte ich mich zu meiner, neben mir stehenden lieblichen Braut, aus dem Samadhi erwachend, um sie zu begrüßen.

„Heil dir, liebliche Aluna", lautete mein Gruß, indem ich die Arme über der Brust kreuzte.

„Heil dir, strahlender Azon", erwiderte sie mit einem Lächeln, „lass uns nun durch diese Tür gehen und die höchste Astralwelt kennenlernen. Vorbereitet sind wir beide. Jeder auf seine Weise. Darum lass uns gehen."

Und gemeinsam schritten wir ein in die neue für uns unbekannte Welt. Eine Musik, ein wunderbares Dröhnen und Vibrieren tat sich kund, welches unsere Ankunft anpries. Diese Welt war nicht zu beschreiben, sodass ich es unterlasse, die Farben, die Gefühle zu charakterisieren.

Dort wurden und werden Lehrspiele, sogenannte „Passionen" der Griechen oder anderer Völker aufgeführt, die den Menschen in ihrer religiösen Erkenntnis und Entwicklung weiterhelfen. Aber nicht so wie auf Erden, mit plumpen und primitiven Bühnenbildern, sondern es wird hier alles vierpolig aufgeführt in vollkommener Erhabenheit. Man sieht, empfindet und hört alles auf einmal und dies in einer Reinheit, wie sie hier in der materiellen Welt überhaupt nicht vorstellbar ist und jemals sein wird. Eine solche Aufführung genaustens zu beschreiben, ist für mich sehr schwer, wenn nicht nahezu unmöglich. Ich kann nur sagen, dass sämtliche Lehrspiele tief religiösen Inhalts sind, und den Zuschauer so mitreißen, dass er in eine wahrli-

che Ekstase fällt, die ihn in seiner Entwicklung gewaltige Schritte nach vorne bringt. Man erlebt dabei eine Geburt eines neuen Kosmos, man bekommt mit, wie ein Schöpfergott mit Hilfe des Wortes ganze Galaxien erschafft, erhält und im nächsten Augenblick wieder zerstört, um etwas Neues zu schöpfen. All dies wird durch die Hand der Trinität ausgeführt, welche in Indien mit den drei bekannten Göttern charakterisiert wird: Brahma, Vischnu und Shiva! Jeder dieser drei führt seine im zugewiesenen Gesten und Bewegungen aus, welche alle in großer Harmonie mit Akasha stehen. Diese Gesetzmäßigkeit von Sein, Werden und Vergehen am eigenen Leib mitzuerleben, mitzufühlen, ist so großartig, dass keine Menschenseele mehr der Unio Mystica enthoben sein möchte. Man möchte am liebsten mitschöpfen, man möchte zum Schöpfer, Erhalter und Zerstörer werden, denn nur die gesetzmäßige Schöpfung ist das Ziel und die Aufgabe eines Gottmenschen.
Völlig berauscht in einem edlen Sinne, musste ich von der Bühne steigen, denn Anufri wollte mir etwas zeigen.
„Ja, richtig, ich wollte dir noch die Behausungen der Vorsteher zeigen. Du weißt ja, dass ich schon länger diese Ebene bereise, und nun möchte ich meine Erfahrungen mit dir teilen. Die Engel haben großartig angelegte Schlösser, die den religiösen Gebäuden wie den großartigsten Moscheen gleichen. Es gibt viele Ähnliches wie hier auf Erden, nur mit dem Unterschied, dass alles vollkommener ist, weil diese Welt eine Welt des vollkommenen Zustandes darstellt. Je höher man kommt, desto schöner wird alles. Selbst die Kleidung entspricht ihrem Rang, ihrer Würde, Aufgabe und dem Temperament der Wesenheiten; die Einsichtsvollsten und weisesten Genien haben wie im kosmischen Feuerglanz schimmernde, einige aber wie vom Lichtglanz leuchtend helle und reine Kleider; die niederen Ränge haben blendend weiße, oder traumhaft weiße Kleider minderen Glanz, denn ihre Schöpferkraft ist nicht so stark; und die unteren Grade haben wunderschöne bunte Kleider, deren Anblick dennoch so stark und mächtig ist wie ein Blitz.
Die Dämonen hingegen sind ohne edle Wahrheiten, weil sie das Gegenteilige der Gottheit verkörpern, das Tierische. Sie sind zwar mit Kleidern angetan, aber sie symbolisieren das tierisch Schmutzige, Hässliche und Widerwärtige, das Dunkle, jeder nach Beschaffenheit seiner Art, seiner Mentalität und Aufgabe. Darüber gibt es unzählige Zeichnungen wie z. B. die des bekanntesten Zauberers namens Dr. Faust.
Vom Prinzip her leben die Vorsteher so wie die Menschen auf dem irdi-

schen Planeten. Deswegen besitzen sie auch Prachtbauten, und zwar wieder verschiedene, je nach Grad der Würde und Aufgabe eines jeden: Manche haben richtig prächtige, die ihrer Würde entsprechen und minder prächtige für die, welche in niedrigerem Stande sind. Alles ist hier analog dem Grad der inneren Reife.

Die Vorsteher können menschliche Gestalt annehmen und dass sie Behausungen haben, welche von manchen „Schlösser des Himmels" genannt werden und prächtiger sind als die Bauten der Erde, geht aus ihrer Reinheit hervor. Vom Aufbau und der Ordnung sind diese „Herrensitze" ganz wie die Gebäude, die man in unserer irdischen Welt kennt, nur tausendfach schöner, herrlicher, sagenhafter. Es würde Tage dauern, sich nur ein Herrschaftsgebäude anzusehen. Es befinden sich in ihnen Säle, Zimmer und Gemächer in großer Anzahl, und Vorhöfe, und ringsumher Gärten, Blumenauen und Felder zum Anbau ihrer Schöpfungen. Alle Paläste gruppieren sich um den Mittelbau ihres Herrschers, welches für sie ihre Gottheit darstellt. Seen, Wälder, kleine Tempelchen, Orte der Ruhe und Erholung umsäumen die großen Tempelanlagen, die man schon zum Teil mit Klöstern vergleichen kann."

Mein Führer nahm Aluna und mich mit und zeigte mir diese wahrlich traumhaften Paläste. Ich sah Gebäude des Himmels, die so herrlich waren, dass sie nicht beschrieben werden können. Oben glänzten sie wie von reinem Gold und unten wie von Edelsteinen; immer ein Palast schimmernder als der andere. Im Inneren ebenso. Die Gemächer waren mit Verzierungen geschmückt, zu deren Beschreibung uns sowohl die Worte als auch die Bezeichnungen fehlen.

„Wesen, Diener und Untergebene jeder Art preisen dort unaufhörlich ihre Gottheit. Wohlklingende Musik der Sphären stimmen durch die Hallen, dass, wer ihren Ton vernimmt, von einem Gefühl des Entzückens hingerissen. Wohin man auch blickt, sieht man nur Bilder grenzenloser Vollkommenheit. In jedem Teile des Tempels sind herrliche Gärten, auch alle Arten von wohlriechenden Blumen, die nie welken. Auf der Seite gegen Süden sind „Paradiese", ist der „Garten Eden" in pflanzlicher Form angelegt und nachgeahmt. In ihnen erglänzt alles in gleicher Weise und an einigen Stellen funkeln die Blätter wie von Silber und die Früchte wie von Gold; und die Blumen stellen in ihren Beeten durch ihre Farben gleichsam einen göttlichen Regenbogen dar. An den Grenzen erscheinen wieder Paläste, in die sich die Aussichten endigen. Die Werke der Baukunst dieser hohen Astralwelt sind von der Art, dass man sagen möchte, hier sei Kunst in ihrer Kunst vollkommen, was auch kein Wunder ist, da die reine Kunst selbst von den höchsten Ebenen ihren Ursprung nimmt. Die Vorsteher sagen, es existieren dergleichen Dinge und unzählige andere mehr, die noch vollkommener, noch prächtiger sind. Sie werden vom Schöpfer des Kosmos vor ihre Augen hingestellt, damit dieselben sich daran ergötzen und noch mehr ihre Gemüter als ihre Augen kräftigen können.

Die Wesen, aus denen das himmlisch-reine Reich des großen Metatron besteht, wohnen meistens auf erhabenen Orten, welche wie die schönsten und edelsten Berge anmuten. Die Engel, aus denen das nächst niedere Reich besteht, wohnen in weniger erhabenen Orten, welche wie fantastische Erhebungen erscheinen. Die Genien aber, die in den untersten Teilen des astralen Himmels sind, wohnen selbst an Orten, die wie traumhaften Hügel aussehen.

Die geistigen Erklärungen über hermetische Gesetze aus höheren Sphären werden als blitzen und zucken in niederen Regionen wahrgenommen. Licht erscheint, etwas Helles leuchtet auf, das für Niederstehende nicht anders wahrgenommen werden kann als unbeschreibliches Licht. Es zählt auch hier wie überall die Reife des Individuums.

Regiert wird genau so wie auf Erden. Es gibt in jedem Reich einen gottverbundenen Herrscher, der die Befehle erteilt und aus seinem ihm zustehenden Palast heraus quabbalistisch wirkt.

Auch der praktische Dienst an der Gottheit in den astralen Sphären ist dem Gottesdienst auf Erden nicht unähnlich, zumindest dem Äußeren nach. Dem Inneren nach aber unendlich reiner und gehaltvoller. Dort haben die Bewohner viel reinere hoch-geistige Lehren, Predigten über reine Philosophie und wunderschöne Tempel, in denen diese Lehren studiert und praktisch umgesetzt werden. Auf Erden wird dies nicht gehandhabt! Die Lehren stimmen im Wesentlichen überein, ja müssen analog den Gesetzen des JHVH sein. Allein die in den oberen Ebenen enthalten tiefere Weisheiten, die ganze quabbalistische Schlüssel, Gesetze und Geheimnisse beinhalten als die in den unteren Welten, wo noch über die Eigenschaften der vier Elemente eingehend diskutiert wird. Dort wird mehr über die Grundbedingungen der vier Elemente gesprochen, für welchen Zweck sie genutzt werden können, wo ihre zahlreichen Analogien liegen. Diese Vorträge sind den vierblättrigen Lehren gemäß. Die dort existierenden prunkvollen Häuser und Paläste haben, so auch jede Behausung eines höheren Menschen, seinen ihm im Zentrum zustehenden Tempel, der wiederum seiner Reife, seiner Mentalität und seinem Temperament entspricht. Im analogen Tempel

Salomon werden, je nach Entwicklung, verschiedene Meditationen abgehalten, um dem ganzen seinen göttlich-reinen Aspekt zu geben. Dass es solche Vorrichtungen auch in den höheren Sphären gib, hat seinen Grund darin, dass die Menschen fortwährend in der Entwicklung inbegriffen sind, Wissen und Weisheit zu vervollkommnen. Die Astralmenschen haben ebenso wie die irdischen Menschen Verstand, Wille und Gefühl und der Verstand ist so geartet, dass er fort und fort sich weiter entwickeln kann, und will und auch das Bestreben dazu hat, in gleicher Weise Wille und Gefühl voranzubringen. Der Verstand wird vergeistigt durch die Wahrheiten, welche Sache der persönlichen Einsicht sind, der Wille durch das Kämpfen um edle Dinge, und das Gefühl durch die göttliche Liebe. Alles zusammen ergibt das Sein!

Der Lehrer steht auf einer Erhöhung gegen Osten, so wie es in der „Evokation" des Meisters angedeutet wird. Denn im Osten herrscht die Göttin der Morgenröte – Quan Yin Lam, welche das Gelingen fördert. Gegenüber dem Vortragenden sitzen die weiter Fortgeschritteneren, diese zur Rechten und zur Linken, männlich und weiblich. Sie sitzen im Halbkreis, sodass sie alle dem Meister gegenüber weilen. Zu beiden Seiten des Altars befinden sich die symbolischen Säulen Jachin und Boas. Wo der Blick des Vortragenden nicht hingeht, befindet sich niemand. Das Tor des Lichtes liegt östlich des Tempels, hinter dem Podest des Lehrers. Dahinter darf niemand stehen, denn von dort kommt die göttliche Intuition. War jemand in der Versammlung anderer Ansicht wie die verbreitete Lehre, so wird darüber diskutiert, denn wenn mehrere sich unterhalten, war der Einfluss des göttlichen Lichtes verstärkt, und die Intuition ist der richtige Rat.

Die hermetischen Anschauungen werden in einer solchen Klarheit gehalten, dass ihnen in der Welt nichts gleichgesetzt werden kann. Nur wenn ein wahrer Meister einem Schüler Anweisungen in hermetischer Philosophie erteilt, trägt dieser einen ähnlichen Charakter. Nur in den höheren Sphären sind die Anweisungen in vollständigem, absolutem Licht, welche sie wiederum in die richtige intuitive Bahn lenkt. Jedes Wort, welches ausgesprochen wird, hat dort ganz andere Durchschlagskraft, weil die negative Materie sie nicht hindert. Die Tempel in den geistigen Sphären scheinen wie von Stein gemacht zu sein, deren Festigkeit und Beständigkeit die Zeiten der Ewigkeit überdauern. Der erhabene Glanz dieser Tempelanlagen kann nicht beschrieben werden, denn es gibt keinen Vergleich. Nur wenn ein Hermetiker die 2. Tarotkarte bearbeitet, dann sieht der Tempel so aus wie auf der Abbildung in der „Evokation". Nur mit dem Unterschied, dass der Tempel

lebt und strahlt, die Säulen sind mit den vier Gotteseigenschaften geladen und die beiden Götterbilder bilden die Verbindung zu den feineren Prinzipien."
Aluna macht eine kleine Pause, in der ich die erhaltenen Informationen verdauen konnte. Aber ich wollte mehr ...
„Ich sprach auch mit einem Lehrer über die Heiligkeit des geistigen Rechts, in der diejenigen sind, welche zu den Vorträgen in den Tempeln zugelassen werden. Er sagte, dass dazu Reinheit, Ausgeglichenheit, die nötige Andacht und ein gewisser Grad von Heiligkeit vorhanden sein muss, je nach Beschaffenheit seines inwendigen Wesens in allen vier Bereichen, denn ansonsten könnte er die übermittelten Lehren nicht auf die einzelnen Zuhörer übertragen. Das nötige Verständnis würde fehlen! Nur wenn ein Astralmensch eine gewisse Reife aufweisen kann, so ist er in der Lage, die Schwingungen dieser Ebene standzuhalten und die Lektionen zu verstehen. Denn diese beinhalten das Heilige selbst, weil es das göttliche Ich des Schöpfers ist, und man kann nicht ohne Weisheit Wissen erlangen. Genauso wenig erlangt man wahre Heiligkeit ohne göttliche Tugend?
Diese Lehrer treten von Zeit zu Zeit in der astralen Sphäre auf und schulen die ihnen unterstehenden Menschen in die Gesetze der geistigen Welten, sodass selbst in dieser Ebene eine metaphysische Entwicklung erfolgen kann. Denn jeder Astralmensch, in dem der kleine Funke angefacht wurde, sich weiter auszubreiten, will Wissen und Weisheit erfahren. Hochentwickelte geistige Wesen der einzelnen Zonen verdichten sich in die entsprechende Schicht und werden so zu Führern einzelner oder ganzer Gruppen. Je nach Reife und Entwicklung werden sie von der Göttlichen Vorsehung jedem Astralwesen zugeteilt. In der Astralsphäre lehrt dieser „Guru" seinen Schützling nicht nur die Gesetze kennen, sondern er ist ihm in seiner ganzen Entwicklung mit Rat und Tat behilflich. Er hilft und schützt ihn vor den möglichen Gefahren in den astralen Regionen. Dieses geistige Wesen unterrichtet seinen Schützling über die Gesetze auf der mentalen, astralen und grobstofflichen Welt und bereitet ihn auf seine neue Wiedergeburt vor, in dem er ihm die Vorzüge dieser Inkarnation erklärt, woraus sich für den Schüler geistige Tore auftun werden. Sie stellt eine neue Hoffnung dar, um durch Erfüllung ganz bestimmter Aufgaben der Gottheit näher zu kommen. Daraus ersieht man, dass sich der Mensch auf Erden vervollkommnen muss, um für die höhere Welt vorbereitet zu sein. Solch ein Wesen leitet und überwacht die gesamte geistige Entwicklung seines menschlichen Schützlings und führt dies vielfach auch auf der grobmateriellen Ebene fort,

wenn sein Lehrling einen grobstofflichen Körper angenommen hat und bereit ist, den Weg zu gehen. Der Einfluss auf diesen Verkörperten wird über die Matrizen, welche die Verbindung zwischen den einzelnen Körpern und Welten darstellen, entweder durch Volte oder Quabbalah getätigt.
In der geistigen Welt aber ist die Macht der Vorsteher so groß, dass es, wollte ich alles anführen, was ich davon gesehen habe, jeden Glauben bei Weitem übersteigen würde. Der jenseitigen Reiche gibt es so viele, dass es dafür keine Zahl gibt. Wenn dort etwas vernichtet werden soll, weil es wider die göttliche Ordnung ist, oder es sogar Widerstand leistet, so wird es von den Wächtern der Quabbalah bloß durch die Kraft ihres magischen Willens und ihres geschulten Blickes gebannt und zerstört. So sah ich Berge, die von bösen Wesenheiten besetzt waren, umgeworfen und hinweggehoben, die zuweilen komplett zerbröckelt wurden, wie dies beim Erdbeben auf dem materiellen Planeten geschieht. Auch Felsmassen mitten bis in die Tiefe hinab wurden zerspalten und die auf ihnen befindlichen widerwärtigen Geister mit dem Geröll einfach verschlungen. Nichts vermag wider des göttlichen Wortes zu bestehen, weder die Menge der dunklen Diener, deren schwarze Künste oder Schlauheiten. Die Vorsteher sehen alles und schlagen es augenblicklich nieder. Davon kündet ja der Bericht in der Bibel über das zerstörte Babel. Eine solche Macht haben sie in der geistigen Welt, welche sie ohne Weiteres auch in die grobstoffliche Welt übertragen und ausführen. Dass diese Genien der einzelnen Planetensphären auch die gleiche Macht haben, wenn sie erforderlich ist, in der materiellen Welt zu wirken, erhellt sich aus der Tatsache, dass sie z. B. ganze Heere regelrecht der Niederlage übergaben, eine Pest herbeiführten, an der Millionen von Menschen starben, Überschwemmungen aus dem Nichts hervorrufen und 100.000 Menschen in den Tod treiben. Diese Macht haben sie nur, da sie sich in Verbindung mit der Gottheit befinden", waren die abschließenden Worte Alunas, welche mich darüber aufklärten.
Anhand eines Beispiels erläuterte sie mir diese Macht. Ein Erdbeben sollte Nepal treffen, denn die Menschen verhielten sie dermaßen unmenschlich, sodass die Göttliche Vorsehung zu solch einer Maßnahme sich verpflichtet fühlen musste. Manchmal müssen die Menschen im wahrsten Sinne des Wortes wach gerüttelt werden. Aluna öffnete mir durch eine Handbewegung ein Fenster in der geistigen Welt, wodurch ich folgendes sah. Eine hohe Wesenheit fing plötzlich an zu leuchten, eine gewaltige Macht strahlte von ihr aus und Töne der Zerstörung gingen in quabbalistischen Formeln aus ihrem Munde, die sich sogleich in Wellen auf die Erde zubewegten.

Wir befanden uns auf einer erhöhten Fläche, von wo wir direkt den Einfluss auf Erden sehen konnten. Da sich die irdische Welt vor meinen Augen auftat, erkannte ich Kathmandu, die Hauptstadt Nepals, und musste sehen und mitanhören, wie die Erde unter großer Gewalt auseinanderbrach. Über solch eine unglaubliche Macht verfügten diese Genien, dass man vor Schreck, besser gesagt, vor lauter Respekt, sein Haupt tief senken musste. Mir war bewusst, dass dies alles so von der Gottheit gewollt war, auch wenn die Auswirkungen katastrophal waren. Aber dafür waren die negativen Dämonen verantwortlich, welche die weiteren Schäden, Unglücksfälle und die vielen Toten zu verwalten hatten.

„Wie kann man bloß über solche eine Macht verfügen?", stellte ich mir die Frage.

„Den Vorsteher kannst du selber fragen. Lass uns deshalb den Herrn der Astralwelt aufsuchen," beantworte mir Anufri die Frage.

„Aschmunadai?"

„Ja, er willigte ein, ihn besuchen zu dürfen. Komm, mein Schüler, lass uns gehen", und er reichte mir die Hand, die ich liebend gern nahm. Ehrlich gesagt, war ich über diesen Vorschlag mehr als entzückt. Ich befand mich in einem Freudenrausch. Aluna teilte meine Ansicht. Denn bei ihm vorgelassen zu werden, ist wahrlich eine besondere Ehre. Die negativen Götter können hin und wieder von Schwarzmagiern aufgesucht werden. Ich sagte bewusst, hin und wieder, den diese hohen Dämonen mögen keine ungebetenen, und noch dazu unreifen Gäste in ihrem Reich. Deshalb sagte auch der Großmeister im „Frabato", dass er Baphomet nur ganz selten sah. Entweder lassen sie sich durch untergebene Wesen vertreten oder die innere Stimme gibt ihnen Anweisungen. Aber zu einem so mächtigen Genius wie Aschmunadai werden selbst wahre Magier nur selten zugelassen. Einem Schwarz-Künstler wie Crowley, Gregorius oder Giovanni würde so etwas niemals gelingen. Auch das Crowley angeblich mit Lilitha zusammen war, ist eine reine Lüge, denn ihre Schwingung hätte das Untier in tausend Teile zerrissen. Aber das wusste er, nur gestand er sich das selbst nicht ein!

„Aschmunadai und Lilitha, seine Zwillingsseele, sind die ältesten Astralwesen und sozusagen die Urbilder des menschlichen Körpers. Wollten wir Aschmunadai besuchen, so müssen wir ein riesiges Königreich betreten, deren Bewohner alle Untergebene Aschmunadais sind. Darunter sind hohe Intelligenzen, wie Asamark, welche viele Dinge mental, astral oder stofflich regelt, mithilfe des elektrischen und magnetischen Fluids", klärte mich mein Schutzgeist auf. Während er das sagte, bemerkte ich, dass wir uns in einem gigantischen Königreich befanden, dessen Grenzen nicht überschaubar waren. In der Mitte des Königreichs steht eine riesige gold-pulsierende Pyramide, die mit der geistigen Essenz des Königs umstrahlt ist und nach allen vier Himmelsrichtungen schöpferisch wirkt. Sie drückt sein gesamtes Wesen aus, denn sie versinnbildlicht die Vervollkommnung bzw. die Herstellung des „Steins der Weisen"! Das bedeutet, dass der Herr der Pyramide alle vier Elemente, alle drei Ebenen, die Fluide und selbst die Spitze – Akasha – beherrscht und damit kosmisch arbeiten konnte. Hermes Trismegistos baute diese Pyramide als Anschauungsbild für die Hermetik im uralten Ägypten nach. Nur leider bröckelt dieser Bau auf der stofflichen Ebene, aber genauso wie im Astralen erstrahlt sie bis in alle Ewigkeit.

Von ihren vier Seiten kamen Stoßwellen quabbalistischer Schöpfungen, die sich durch das Ertönen quabbalistischer Melodien bemerkbar machten. Das war ein unbeschreibliches Gefühl, bloß vor dem riesigen Bau nur zu stehen und ihn betrachten zu dürfen. Diese pulsierende Musik war dermaßen belebend, berauschend, sodass ich Schwierigkeiten hatte, mich davon zu lösen. Mir wurde bewusst, wenn ein normal Sterblicher davor stehen würde, hätte es seinen Mentalkörper mit einer enormen Wucht der allmächtigen Explosionen wieder in seinen stofflichen Leib zurückgeschleudert. Dies hätte schlimme gesundheitliche Auswirkungen hervorgerufen, wenn nicht noch viel Schlimmeres die Folge wäre.

Am Eingang zu diesem gigantischen Gebäude standen zwei strahlende Wächter, welche schon von ihrem Herrn den Befehl erhielten, uns Einlass zu gewähren. Tief verneigten wir uns dafür vor ihnen. Im nächsten Augenblick waren wir schon in seinem Empfangssaal. So etwa Schönes und vergleichbar Wunderbares habe ich noch nie gesehen. Es war nicht so kahl wie bei seinem Gegengenius Luzifer, nein, die Wände waren voll mit Verzierungen, Verschnörkelungen, Statuen und Bildern, die eine so reichhaltige Geschichte erzählten, worüber man Monate lang berichten konnte. Doch konnte ich mich nicht darauf konzentrieren, denn inmitten dieses Prunksaales war eine unbeschreiblich leuchtende Sonne. Sie blendete nicht, sondern ihr Licht erweckte alle unsere Sinne zu höherer Tätigkeit. Wir wurden demütig vor der Größe und Erhabenheit dieses Herrschers der gesamten Erdgürtelzone. Wir sahen Farben, nahmen Lichtformen wahr, wofür es auf Erden keinen Vergleich gab.

„Seid mir willkommen," sagte eine weise, männliche und gebietende Stimme aus der Lichtkugel, die sich sogleich in eine menschliche Gestalt verwandelte und der Vorsteher erschien als weißhaariger, alter König. Er trug

eine wunderschöne Krone, die selbst in der Astralebene ihresgleichen sucht. Sein Gewand schien aus purem Gold und jeder Finger wurde von einem Ring geschmückt, welcher je eine göttliche Eigenschaft und ein universelles Gesetz darstellten, sozusagen die 10 Sephiroth des Lebensbaumes symbolisierten, welche sind:
Gott, das höchste göttliche Prinzip
Die All-Liebe
Die All-Weisheit
Die Allmacht
Die Allwissenheit
Die Gesetzmäßigkeit
Das ewige Leben
Die Allgegenwärtigkeit
Die Unsterblichkeit
Die Reinheit aller Ideen und Gedanken.
Die fünf Finger seiner rechten Hand bedeuten, dass in ihnen fünf universelle Elemente herrschen. Das Feuer, das Wasser, die Luft und die Erde entsprechend der Ausstrahlung ihrer aktiven, elektrischen Polarität. Das Akashaprinzip, das sich in dem mittleren Finger befindend, ist das höchste Prinzip, das die übrigen Elemente in den Fingern erhält und lenkt. Die fünf Finger an seiner linken Hand deuten gleichfalls auf die fünf universellen Elemente hin, in der gleichen Reihenfolge. Aber Feuer, Wasser, Luft und Erde strahlen die Wirksamkeit in den negativen magnetischen Polen aus. Dem Mittel-Finger kommt die gleiche Aufgabe wie oben zu.
Sein Gesichtsausdruck war freundlich und streng zugleich. Seine grünen Augen hatten eine derartige Ausstrahlung, dass man unweigerlich zurückschreckt. Sein Blick war absolut durchdringend, er erkannte den kleinsten Gedanken. Er hatte das Wissen und die Weisheit der gesamten Astralwelt, welche ja räumlich nicht begrenzt ist. Sein Verstand war überaus scharf und es gab in der gesamten Erdgürtelzone keinen Genius, der diesem Herrscher widersprechen könnte. Wie schon gesagt, ist er das allererste Wesen des schöpferischen Prinzips auf der Astralebene.
„So wie in der Erdgürtelzone laut Reifegrad und Kenntnis einem menschlichen Eingeweihten die entsprechende Würde verliehen wird und er den Rang eines Barons, Grafen, Freiherrn, Fürsten, Herzogs usw. einnimmt, ebenso haben auch die astralen Vorsteher der übrigen Zonen ihren Rang, ihre Würde und ihre Bezeichnung. Der normale Mensch wird sich diese Wesen nach seinem Fassungsvermögen vorstellen und in seiner Fantasie

die Engel und Erzengel mit reinen, weißen Flügeln, strahlenden Aussehen und die Dämonen und Erzdämonen mit Hörnern, Dreizack und tierischen Hufen ausstatten. Wer sich in der Symbolik gut auskennt, wird sich auch diese Auffassung hermetisch richtig zu deuten wissen. Einem Magier ist bekannt, dass ein Engel keine Flügel im wahren Sinne des Wortes besitzt, mit denen er „fliegen" kann, sondern er wird die symbolische Bedeutung dadurch richtig erklären, dass die Flügel dem Vogel analog sind, der sich über uns in der Luft frei bewegen kann. Die Flügel sind das Symbol des uns Übergeordneten, das Symbol der Leichtigkeit, Freiheit, Hemmungslosigkeit, und gleichzeitig das Symbol des über unserer Erde schwebenden leichteren, somit alles durchdringenden Prinzipes. Die negativen Wesen oder Dämonen werden zumeist mit tierischen Symbolen gekennzeichnet und mit Hörnern, Tierschwänzen, ferner als ein Gemisch von Tier und Mensch. Ihre Symbolik ist wiederum das Entgegengesetzte vom Guten und bedeutet das Untergeordnete, Unvollkommene, Fehlerhafte, Widerwärtige und gegen die Gottheit gerichtet usw. Er wird die dort vorhandenen Wesen und Vorsteher nicht als leibliche, personifizierte Wesen, sondern als Kräfte und Schwingungen, die den Namen und Eigenschaften analog sind, wahrnehmen. Wollte er von seinem individuellen Standpunkt aus eine dieser Kräfte konkretisieren oder ihr eine seiner Aufnahmefähigkeit zugängliche Form geben, so würde ihm diese Kraft in jener Form erscheinen, die seinem symbolischen Auffassungsvermögen entspricht, ohne Rücksicht darauf, ob es sich um positive Kräfte-Engel oder um negative Kräfte-Dämonen handeln sollte", schreibt Franz Bardon in seiner „Evokation" über die Erscheinung solcher Wesenheiten.

Wohl dem hoch geschulten Menschen, der direkt in den Palast vorgelassen wird und mit diesem weisen Genius sprechen darf. Es ist dies nur den Wenigsten unter den Auserwählten gestattet.

Nun begann Aschmunadai zu sprechen: „Und wenn alle Religionen ihren Ursprung in dem einzigen Quell der reinen Wahrheit haben, können wir da nicht annehmen, dass die unaufhörliche Unzufriedenheit und Zweifelsucht unserer jetzigen Zeit, dieses ewige Nachforschen in den verschlüsselten Lehren des Ostens mit ihren mystischen Dogmen und Geheimnissen, die nur wenigen Auserwählten geoffenbart werden dürfen, während die ebenfalls heißhungrige große Menge unbefriedigt bleiben muss. Diese Neigung zu mystischen Studien, in der Hoffnung, dass in den hermetischen Lehren ein neuer Pfad gefunden werden möchte, ein leichterer und gangbarer Weg, überschattete alle Realität. Die Bemühungen höherer Mächte, die den Men-

schen die Weltbrüderschaft als eine zeitgemäße Wahrheit, als ein erstrebenswertes Ziel erkennen lassen und nicht nur als eine Redensart, das Bestreben, jedes Volk zu der Erkenntnis der Wahrheit zu bringen und es die Schönheiten kennenlernen zu lassen, die in den Lehren der verschiedenen Systeme verborgen sind: Das ist es wert, erforscht zu werden! Wenn jeder die guten Eigenschaften des anderen anerkennen und zu schätzen weiß, jedes Volk und jeder Stand die Hinfälligkeit der Schranke erkennen wird, welche sie trennt, und die Heiligkeit der Bande der Menschenwürde, die sie vereinigen sollten, dann hätten wir einen guten Schritt vorwärts zur Errichtung des ewigwährenden Reiches der göttlich-religiösen Glückseligkeit getan, von welchem wohl jedes Volk auf Erden träumt. Dann wäre wieder die Ur-Religion der Mittelpunkt der Welt, worum sich die Wissenschaften drehen.
Und ist es nicht ebenso recht wohl möglich, dass die Wesenheiten der höheren Sphären, die sich so eifrig bemühen, die Schranken zwischen den Völkern, Ständen und Religionen zu beseitigen und eine verbindende Brücke suchen, auch jene Schranken zu entfernen versuchen, die sich zwischen der Erde und der astralen Welt befindet? In unseren Tagen hat eine fortschrittliche Erziehung, die Verallgemeinerung des Wissens, ein freierer Verkehr von Nation zu Nation und die immer größer werdende Aktionsfreiheit des Einzelnen im sozialen Leben die Menschheit von vielen Gefahren befreit und dadurch wurden noch mehr Vorteile geschaffen. Wäre es dann nicht möglich, den Verkehr der inkarnierten Seele auf dem Planeten Erde mit der astralen Ebene zu verbinden, in dem unser größter Meister den Irdischen einen sicheren Weg, den „Weg zum wahren Adepten" vorgewiesen und beschrieben hat, so könnten wir hoffen, dass die Pforten des Verkehres zwischen den zwei Welten, die uns so lange verschlossen waren, wieder geöffnet werden, und dass unsere beschränkten Kenntnisse über die Dinge der astralen Welten künftig vermehrt werden durch die bessere Erkenntnis der Bewohner des jenseitigen Reiches!
Und wäre es nicht die nächste Folge, dass uns die Geistertore, die uns verschlossen wurden wegen der vielen Irrtümer des Spiritismus, der vielen egoistischen Lügen und der Trugmedien, welche sich durch sie in die menschliche Erkenntnis eingeschlichen hatten, und wegen des Missbrauches, welche gewissenlose Menschen mit den Erfahrungen trieben, die sie gemacht hatten, von der Seite der Geisterwelt wieder geöffnet werden? Dazu wird es in Kürze einen gewaltigen Knall auf Erden geben, der die Spreu vom Weizen trennt und nur das Reine übrig lässt. Dann, ja, dann

kommen die Magier zurück auf Erden und ein neues Zeitalter, ein „Novus Ordo Seclorum" beginnt sich in die Tat umzusetzen. Aber nicht wie es gewisse egoistischen Menschen und Herrscher auf Erden wollen, sondern nur so, wie das die Meister im Shamballa vorhaben. Unsere Aufgabe wird dann darin bestehen, zur Erde zurückzukehren und den Erdenbewohnern durch bessere, wahre Übung Erkenntnis und Wissen beizubringen, die sie erlangen können und die reineren, heiligeren Wünsche, die sie pflegen sollten, von Neuem das großartige Wissen aus den höheren Sphären des Geisterlebens über die Welt zu verbreiten und nutzvoll zu verwenden, wie es vor Jahrtausenden im uralten Ägypten schon mit Erfolg ausgeübt wurde! Dies wird auch dein nächster Auftrag sein, wo Ariane, Aluna und du – alle guten Dinge sind drei – in Istanbul die islamische Religion mit hermetischen Gesetzen bereichern werdet!"

Ich war sprachlos über eine solch unerwartete Rede dieses Großfürsten. Denn genau das war mein Auftrag, der meinem Namen Azon entsprach: Fürs Volk!

„Ich bin erstaunt, großer Aschmunadai, über dein hohes Wissen und deine reine Weisheit. Du überblickst wirklich alles und jeden, der in dein Reich kommen will. Ich danke dir deshalb aus tiefstem Herzen über deine aufbauende Rede. Heil dir, großer Fürst!"

Ich verbeugte mich abermals und als ich meinen Kopf erhob, befanden wir uns erneut an einer anderen Stelle.

„Der Aufstieg zu Gott vollzieht sich spiralförmig nach oben, so wie man sich um einen Berg rundherum bewegt, um nach oben zur verjüngenden Spitze zu gelangen", sagte mein Schutzgeist. Nur ich verstand ihn nicht. Erst als ich mich umsah, nahm ich wahr, dass wir uns in einem ganz anderen Tempel befanden. Er hatte mehr weibliche Züge, wen ich das so sagen darf.

„Es ist der Tempel der großen Lilitha", und ich spürte eine Präsenz, die an Weiblichkeit kaum mehr zu überbieten war. Dann erschien der Gegenpart des Astralherrschers, die göttlich Lilitha, die von so vielen als Dämonin hingestellt wird und wurde, was jedoch ein uralter religiöser „Fehler" ist. Aber wir wollen hier nicht von Fehlern sprechen, sondern viel mehr ihre wahre Gestalt beschreiben, welche unwahrscheinlich schön war. Ihre Haut bestand aus feinsten weißen Alabaster, ihr Haar war das schönste Schwarz in der ganzen Astralwelt, ihre Bewegungen waren der personifizierte Anmut und Grazie. Ihr Kleid bestand aus dem feinsten Stoff, war weicher und samtener als die reinste, kostbarste Seide, welche sich leicht und sanft um ihren, den schönsten Körper in der seelischen Welt wandte. Das waren alles Gründe, warum die Göttliche Vorsehung sie als Ebenbild für den weiblichen Menschen erschuf, denn sie verkörpert die weibliche Reinheit in Person. Lilitha hatte die schönste, verlockenste Gestalt. Ein Ideal für jeden Künstler. Eine weiß schimmernde Haut und langes schwarzes gewelltes Haar. Lange seidene Augenwimpern. Kleine Zähne wie Perlen. Einen kleinen wohlgebildeten Mund mit vollen sinnlichen Lippen. Volle schöngeformte Brüste und einen Körper, weich wie Samt. Geschmeidig und formvollendet. In den Händen trug sie die Symbole ihrer Mentalität und ihrer Aufgaben. In der rechten hielt sie einen Stab, an dessen oberes Ende ein Halbmond war und in der anderen hielt sie das Symbol der astralen Weisheit – die lebendige Schlange, welche aus 72 Gliedern besteht. Dieselbe zischte und züngelte, denn sie wollte Wissen und Weisheit verbreiten. Doch diese gab sie nur einem wahren Magier, der sich ihre Gnade erst verdienen musste. Jeder andere, der es wagte, sie zu beschwören, würde schwer, sehr schwer bestraft werden.

„Hütet euch, ihr unwürdigen tierischen Schwarzkünstler, hütet euch vor meiner Macht," sagte sie zum Abschied zu mir und ihre lieblichen Worte klangen in der Unendlichkeit nach.

Wir verließen die zweite Pyramide, die der großen Herrscherin, deren Einfluss sich über die gesamte Astralebene ausbreitete. Ihr Einfluss war überall spürbar. Denn beide beherrschten alle 78 Tarotkarten und hatten den Rang eines vollkommenen Herrschers und Herrscherin. Ihre Augenfarbe, der Glanz darin, gingen mir jedoch nicht aus dem Sinn. So etwas Wunderschönes hatte ich noch nie gesehen. Ich stand wie angewurzelt da und sann noch über den Eindruck des Gründers einer uralten ägyptischen Bruderschaft nach – dem Bund des Aschmunadai, als durch Anufri sich langsam und sanft meine gesamte Umgebung änderte, sodass ich mich besser an die neue Situation gewöhnen konnte. Aluna war verschwunden, ich machte mir aber deswegen keine Sorgen. Ich tat meine Augen auf. Vor mir war ein Land mit paradiesischen Ausmaßen. Alles erblühte, als ich es betrat, die Sonne ging auf und Strahlen des belebenden Lichtes ergossen sich über mir. Eine unbeschreibliche Wohligkeit tat sich kund. Nun stand ich vor einem wunderschönen goldenen Tempel, so wie er mir am besten gefiel. Er entsprach vollkommen meiner Mentalität und Anschauungen. Er hatte eine Mischung aus gotischen Kirchen, mit spitzen Türmen, Erkern, Figuren, die Dämonen abwerten, kleinen Fenstern und schönen Verzierungen.

„Dies ist dein Tempel Salomon, den du dir auf Erden erschaffen hast. Er ist so gebildet worden, wie es deiner Mentalität und deinem Temperament entspricht. Je weiter du dich vervollkommnen wirst, desto größer und schöner wird er noch werden, desto universeller wird er sich ausrichten. Lass uns hereingehen", bemerkte Anufri, und meine volle Aufmerksamkeit war dieser Schönheit des Tempels gewidmet. Als wir dem mit Gold, Silber und Edelsteinen verzierten Tor uns näherten, öffnete es sich von alleine und eine sanfte Melodie lud uns ein. Ich ging durch einen langen und geräumigen Gang, auf dessen Seiten sich Bilder befanden.

„Was ist das?", fragte ich meinen Begleiter.

„Links siehst du lebendige Gemälde von deinem Leben, welche deine Beherrschung der negativen Charakterzüge veranschaulicht, die dein Fundament in der Entwicklung bilden. Wenn du länger auf ein Bild guckst, so siehst du einen „Film" ablaufen, der deinen ganzen siegreichen Kampf gegen diese Phantome, Schemen und Larven veranschaulicht."

Und wahrlich, das sah ich. Ich sah unter anderem die Erziehung meiner geistig kranken Tochter, die Schwierigkeiten mit meiner Frau, die wir in Harmonie umwandelten. Ich musste stehen bleiben, weil die laufenden Bilder immer die Wahrheit zeigten und mich tief beeindruckten.

„Schau mal auf die andere Seite. Da siehst du die positiven Eigenschaften, die du durch den Kampf in dir entwickelt hast, woraus wiederum deine Erhöhung zu den göttlichen Charakterzügen entstand, welche du in deiner Verbundenheit mit deiner dir entsprechenden Gottheit erreicht hast."

Ich wandte meinen Kopf zur rechten Seite, und sah dies alles bestätigt. Jetzt erst wurde mir bewusst, warum ich durch dieses Leid auf Erden gehen musste, damit ich die richtigen Eigenschaften fand, um meine Gottheit besser erkennen zu können. Dadurch erst wusste ich, welches meine Aufgaben sind, welches meine Mission ist. Ich sank vor Demut und Freude darüber in die Knie.

„Es ist mir eine hohe Ehre, dies alles durchzumachen. Es wurde mir die Gnade gewährt, alles das zu erleben, was ich nun weiß, was ich nun in mir vergöttlicht habe. Ich bin froh, dass ich das alles erleben durfte", und mir fielen dabei meine Infarkte, meine gebrochenen Knochen, meine Lähmungen, kurz gesagt, Schmerzen, Leid und Pein ein. Bei meiner meditativen Betrachtung fiel mir gar nicht auf, dass ich mittlerweile schon sanft von der Luft in den mittleren Raum getragen wurde, wo mein eigentlicher Tempel stand. Ich stand staunend mit offenen Mund davor.

„O mein Gott", konnte ich nur stammeln, denn die Pracht war zu schön für mein Bewusstsein. Alles funkelte in Lebendigkeit, alles war das reinste Le-

ben, war die Reinheit, die Schönheit der Glanz und die Erfüllung, wobei ich meinte, dass sie niemals übertroffen werden könnte.
„Dieser Raum ist dein Tempel, in dem du deine Gottesverbundenheit nun einnehmen wirst. Gehe rein und du wirst es verstehen."
Doch bevor ich diesen Schritt tat, sah ich mir den heiligen Raum an. In dessen Mitte befand sich ein Altar aus Marmor, auf dem zwei Räuchergefäße, ein goldenes und silbernes, wunderbaren Duft verbreiteten. Der Boden war in schwarz-weiß gekachelt, wobei jede quadratische Form aufwies, die sich pulsierend kundtat. Überall lag Leben drin. Vor dem Altar waren drei goldene Stufen, welche die Ebenen andeuteten, links am Altar war die Sonne, rechts der Mond in seinen typischen Farben zu sehen. Ein Leuchten ging von ihnen aus, was die Beherrschung beider Fluide bzw. Prinzipien bedeutet. Umrahmt war der Mittelpunkt von vier in den Elementefarben gehaltenen Säulen. Jede von ihnen barg die reinste göttliche Glut. Jede verkörperte eine der vier Grundeigenschaften – Allmacht in rot – Allweisheit in blau – All-Liebe in grün und Allgegenwart in braun. Doch es waren nicht nur Farben, nein, es waren Zeichen und Symbole darauf, die auf die göttlichen Eigenschaften hinwiesen. Jede Säule hatte ihr eigenes Leben, ihren eigenen Namen, denn jede Säule war geladen mit dem göttlichen Charakterzug. Das war das Leben des Tempels. Alle pulsierten, alle glitzernden, strahlten in einem kosmischen Farbenspiel, was nur noch vom Bild meiner Gottheit, welches sich in Kreuzungspunkt der vier Säulen über dem Altar befand, übertroffen wurde. Sie schnitten sich hierin und ich stand direkt darunter. Ich kniete mich nieder, nahm die Stellung der Demut ein und verband mich mit meinem Schöpfer. Ich wurde zu meinem persönlichen Gott. Das Gefühl kann man nicht beschreiben. Es ist mit irdischen Worten nicht erklärbar. Es muss erfühlt, durchlebt werden. Man wird zum Alles in Allem, man wird zu Persönlichkeit der Gottheit, man wird zu seinem Idol und man erfährt alles, was sie weiß, kann, liebt und ist und diese vier Eigenschaften verschmelzen zu einer neuen, zum „tat twam asi" = das bist du!
Ich weiß nicht mehr, wie lange ich in meinem Licht-Tempel in diesem Zustand verbrachte. Ich weiß nur, dass es eine Ewigkeit dauerte, eine Unendlichkeit überschritt und in Zeit nicht zu messen war. Dann vernahm ich erneut dreimal meinen Namen: „Azon! Azon! Azon!"
Ich kam wieder zu Bewusstsein. Ich trat aus meiner Gottesverbundenheit heraus, öffnete die Augen, und begriff, warum ich die Ewigkeit mit meiner Gottheit verbrachte. Denn nur dadurch konnte ich das begreifen, was ich nun sah. Denn es übertraf das Unbegreifliche bei Weitem. Ich sah vor mir

den goldenen Tempel des Lichts – Shamballa!
„Für diesen wunderschönen Tempel, dem Tempel aller Tempel, gibt es viele Namen. Die Christen nennen ihn „das neue Jerusalem", welcher aus lauterem Gold bestehend erscheint, seine Tore aus Perlen und die Grundmauern aus kostbaren Edelsteinen. Darum nämlich, weil der Tempel das Göttlich-Menschliche des Herrn des Kosmos symbolisiert, die reinen und direkten geistigen Lehren und Normen beinhaltet, die jetzt durch die Hermetik des Meister Arions begründet wurden. Die zwölf Tore des Tempels entsprechen den Wahrheiten der vier Elemente in den drei Ebenen, die zur Mitte führen und somit auf die Fundamente der universellen Wahrheit hinweisen, auf denen ihre Gründung beruht," klärte mich mein Schutzgeist auf.
Ich stand vor den Treppen aus schönsten Marmor, im reinsten Weiß, unübertroffen, den Stufen zum wunderschönsten Tempel-Palast, den mein Auge jemals erblickte. Seine Architektur, sein Stil, seine Elemente zeugten von einer Vollkommenheit, wie man sie nirgends finden kann und wird. Er symbolisiert die Vollendung, fern ab der Zeiten, er deutet auf die vier Grundeigenschaften der universellen Gottheit hin: unmanfestierte Allmacht – unmanifestierte Allweisheit – unmanifestierte All-Liebe – unmanifestierte Allgegenwart! Ein vollendeter Traum in purem Gold. Würde ein sterbliches Wesen so etwas sehen, es würde völlig wahnsinnig werden oder vor Verrücktheit sterben. Da gab es nur diese zwei Möglichkeiten. Selbst für das Reine, Schöne und göttlich Erhabene muss man gut vorbereitet sein, damit man es überhaupt ertragen kann. Sonst steht der Irrsinn vor der Tür und nimmt einen mit in sein Reich!
Es kam mitunter vor, dass einzelne schon auf Erden hoch entwickelte Menschen die Vollendung ihrer geistigen Ausbildung verwirklichen oder ihre Vervollkommnung in der astralen Welt erreichen konnten. Solche befanden sich im „Tempel des Lichts", um dort an ihre Entwicklung weiter zu arbeiten.
Ich trat auf die erste Stufe. Ein Schaudern durchfuhr meinen Körper. Töne, die wie die reinsten Harmonien klangen, zogen durch die glitzernde Luft. Alles vibrierte, alles schwang in diesem schöpferischen Tone. Ich fiel beinahe in Ekstase, so sehr nahm mich diese Sphärenmusik mit. Ich schritt weiter. Sogleich erklangen neue Töne, neue Melodien, eine Musik wurde hörbar, die unbeschreiblich wurde. Ich wollte schon stehen bleiben, um sie zu lauschen, um mich ihr hinzugeben, aber Anufri schob mich weiter.
„Drinnen ist es viel schöner!", und wies an seinen Eingang. Ich guckte

dorthin, während ich andächtig die Stufen entlang schritt, begleitet von atemberaubender Musik. Nun stand ich vor dem Riesentor, wo in ihrer Mitte ein aus reinstem Alabaster bestehende Säule mit Symbolen verziert stand. Dort gingen die Zwillingsseelen durch, sie trennten sich, und die Schöpfung nahm ihren Lauf. Ich musste mich nun umsehen. Es war zu schön, um nur einfach daran vorbeizugehen. Die Symbolik war heilig, das fiel mir sofort ins Auge, denn jede Tarotkarte wurde an der Außenwand durch ein Siegel angedeutet. In der Innenhalle standen die dazugehörigen Säulen, verziert mit den ägyptischen Hieroglyphen – welche jede Karte in ihrer wahren Bedeutung erklärten.

Löwen, Elefanten, Schwäne, zwei Sphinxe, Symbolik aus dem alten Atlantis, die Ur- und alle anderen Religionen, alle waren hier vertreten. Alle spielten harmonisch ineinander und ergaben den Urgrund jeglicher Entwicklung. Dieser Tempel war der Ausgangsort für die Entstehung aller Religionen und aller magisch-mystischen System. Nicht anders! Er bestand schon seit Ewigkeiten und wird genauso lange noch verweilen.

Aluna, die ich in der astralen Welt beim Meditieren angetroffen hatte, stand wieder nehmen mir. Jedoch holte sie ein Mönch ab, der für sie eine andere Aufgabe hatte.

So stand ich da und glotze, glotze wie ein kleines Kind, das einen riesengroßen Teddybär anstarrte, für dessen Aussehen sie keine Erklärung fand.

Ich trat weiter ein. Ich sah viele Mönche in verschiedenen Kutten gehüllt. Das müssten die Brüder des Lichts sein und verneigte mich ehrfürchtig vor ihnen. Sie lächelten mich nur an.

Ariane kam auf mich zu, und ich war über alle Maßen erfreut, sie wieder zu sehen. Tränen der Freude liefen mir aus den Augen. Auch sie hatte Wasser in ihren dunkelschwarzen Augen.

„Heil dir, Azon", begrüßte sie mich.

„Heil dir, große Ariane! Wie schön ist es, dich zu sehen", ich konnte mich nicht mehr halten und musste sie umarmen und bemerkte, dass sie die Tracht einer alt-ägyptischen Hohepriesterin trug mit einer goldenen Krone, auf dessen Vorderseite sich ein Ankh befand.

„Aluna erwartet dich schon im Garten."

„Ach, du meinst den Garten hinter dem Tempel, der so schön ist, dass man sich gar nicht mehr beruhigen kann. Den gibt es wirklich?", fragte ich.

„Ja, und ob", und sie führte mich dorthin.

Das, was ich dort erblicken durfte, ich muss dieses Wort verwenden, kann ich nicht beschreiben. Das war das Leben, das war das Sein, da waren alle vier Elemente in Form von Pflanzen vertreten, die lebten und strahlten, sie bewegten sich und es schien, als wenn diese Luft singen würde, ja es sangen die Pflanzen ein Lied der Schöpfung, wie im Film „Alice im Wunderland"! Ich war von den Socken, wenn es diese in der astralen Welt gegeben hätte.

Ariane führte mich zu meiner Zwillingsseele, die vor einer wunderschönen Blume stand und deren Duft einatmete und dadurch in Ekstase geriet. Die Pflanze leuchtete dabei und bewegte sich rhythmisch im seichten Wind. Alle Buchsbäume waren exakt gerade geschnitten und ihr Grün leuchtet in einem überirdischen Farbton. Es sah aus, als wenn es ein Labyrinth wäre, wie man es in manch einen Film zu Gesicht bekam. Es hatte die Form eines Rosenkreuzersymboles, dessen vier Wege alle zur Mitte führten.

„Jede Pflanze steht für ein Volk, für eine Nation, für eine menschliche Rasse", klärte uns Ariane auf. „Wenn im Garten Eden alle Pflanzen gedeihen, wachsen und schön blühen, dann ist auf Erden alles in Ordnung und es herrscht Frieden. Doch im Moment herrscht das Chaos und dieses wird noch schlimmer. Deshalb müssen wir Brüder des Olymps dafür Sorge tragen, dass das Gleichgewicht gewahrt bleibt. Denn die negative Seite der göttlichen Vorsehung hat den Dämonen die Oberherrschaft über den Planeten Erde gegeben, welche sie im Moment im vollen Maße ausnützen und ihr verheerendes Spiel treiben. Denn die Menschen sind zu schlecht, um zu überleben. Sie würden sich selbst vernichten. Deshalb ist das Handeln der Gegengenien gerecht!

Wie ihr seht, sind einige Blumen im Garten leicht verkümmert, manche Pflanzen rollen schon ihre Blätter ein."

„Ja, das stimmt. Es sieht aus, als ob sie bald absterben würden."

„Richtig, deswegen müssen wir die Pflanzen mit Tau wiederbeleben."

Sie drehte sich um und führte uns zu einem eigenartigen Häuschen, in welchem der Tau auf alchemistische Art und Weise gewonnen wurde. Es ähnelte einem Glashaus, aber nur viel, viel schöner und harmonischer aufgebaut. Die Seitenscheiben waren exaktest den vier Himmelsrichtungen angeordnet. In ihm waren für uns unbekannte Pflanzen, auf denen jede Menge Tau, glänzend-silberner Tau, lag. Silber, weil der Tau vom Mond kam und seine ätherischen Schwingungen beinhaltete.

„Nehmt eure beiden Hände und schöpft damit, so viel ihr könnt. Bringt es dann anschließend zu den Blumen und begießt sie."

Als wir den Tau in unseren Händen hielten, spürten wir eine unheimliche Belebung, ein Kribbeln auf der Haut, welche unsere Haare emporstehen lie-

ßen. Eine leicht silberne Haut nahmen wir wahr.
„O, Wahnsinn", musste ich von mir geben und ging völlig verzückt zu den Blumen. Aluna war schon dort und goss die Flüssigkeit auf das Grünzeug. Eine augenblickliche Belebung der Pflanzen trat ein, wie wir es nicht für möglich gehalten hätten. Es berieselte die Blumen mit Lebenskraft, sodass sie ihre Köpfe wieder dem Licht sich entgegenstreckten. Wir erfühlten das förmlich, wie gut ihnen das tat.
„Deshalb schrieb H. A. Müller in seinem „Buch vom Buddha des Westens", dass Mahum der „erste Gärtner" sei, der die Gemeinschaft der „Gärtner des Lichtes" leitet. Euch Brüdern des Lichtes ist die Welt der Garten Gottes, der Garten der Mitte, auch Midgard genannt", bemerkte ich.
„Wir sehen symbolisch in den Blumen die heiligsten Erdsymbole, sie sind die Sterne der Erde und jeder Stern ist ein Mensch. Diese Ordnung des Gartens wird uns zur Harmonie des Sternenhimmels. Uns ist der wahre Mensch eine Pflanze, in den Säften des Körpers: Wurzel (Rückgrat), Blüte (Sonnengeflecht), Frucht (das dritte Auge). Ihnen wird das Leben dem Rosenstock vergleichbar. Er ist das Symbol des Dornenpfades des Lebens von der Wurzel bis zur Blüte, die nach oben geöffnet das Licht trinkt. Die Säfte der Pflanzen sind das wahre Blut des Daseins und die Elixiere daraus, die eigentlichen Mittel der körperlichen Vergeistigung und Genesung zum Licht. Ihre Einweihung geschieht ihn neun Stufen, deren wichtigste die Beschneidung und die Okulation, die Augenöffnung, sind. Jede der Stufen hat umfassende Symbole: den Spaten, das Pflanzenholz, den Sprenger, das Messer, die Schere, den Bast, die Stützgabel, die Hütte ... Wir sind allzumal Gärtner hier, doch eh nicht der Frühling (der Sonnenaufgang) einzieht in den geordneten Frieden der Haine, ist es nicht Zeit den Stein hinwegzuwälzen, damit er als Treppe diene", sagte uns Ariane exakt wie aus dem Buch von H. A. Müller.
Im Garten Eden werden die Bäume veredelt, und zwar negative und positive, d. h., männliche und weibliche werden zu einer Pflanze verflochten. Damit wird der schöpferische Akt angedeutet, der auf Erden sich verwirklichen soll. Die Pflanzen wurden noch gedüngt, Bienen kamen hinzu, und bestäuben die Blüten. Die Männlichen die Weiblichen, und umgekehrt. Alles wurde für den Frühling der Ostara vorbereitet. Dadurch wurden die Gesetze des Rhythmus eingehalten, welche sich im Auf und Nieder widerspiegelten.
„Alles ist in Bewegung, alles fließt und jeder muss sich diesem Fluss anpassen. Alles hat seine Aufgabe und jeder muss ihr gerecht werden. Die

grobstoffliche Welt ist nämlich der Spiegel des Astralen."
Ich war nun sprachlos. Ich konnte nur rätseln, was das alles zu bedeuten hatte. Auch Aluna konnte es nicht fassen.
„Ich weiß auch, und bekomme das alles mit, welche Probleme ihr mit meiner Tochter auf Erden habt. Sie hat euch die zugesicherte Hilfe verweigert."
„O, das weißt du?"
„Ja, und ich bin dermaßen traurig über ihr Verhalten, das kann man gar nicht beschreiben."
Mittlerweile sahen wir, wie sich der Garten Eden verdunkelte, es kamen grau-schwarze Wolken zum Vorschein, das leuchtende Grün verschwand und es wurde dunkel um uns.
„Was ihr nun wahrnehmt, sind meine Depressionen über meine Kinder. Sie alle kamen vom Weg ab und sprechen negativ über die Hermetik. Anstatt auf die innere Stimme zu hören, lauschen sie nur den verderblichen Einflüsterungen ihrer Partner. Keiner von ihnen besitzt einen Glauben, der so wichtig wäre. Wegen ihrer ungesetzlichen Gedanken und Reden habe ich einen von ihnen einen Albtraum geschickt, der ihn am Schlafen hindert. Selbst seine Frau hat nun Schlafprobleme. Ich hoffe, es nützt was!"
Um uns wurde es noch dunkler. Die Wolken drangen schon auf uns ein.
„Jeder von ihnen meint, dass ihre Zwillingsseele die Erfüllung ihrer Träume bedeutet. Somit war das das Ende ihrer Wünsche. Sie kämpften nicht mehr weiter, obwohl sie an und für sich wissen müssten, dass das ganze Leben einen Kampf darstellt, den man siegreich ausfechten muss. Auch Zwillingsseelen müssen vor allem an einer Sache arbeiten. Wenn sie das nicht tun, dann treffen sie sich weder drüben im Astralen wieder noch im nächsten Leben im Diesseits. Sie bekamen schon die einmalige Gelegenheit, aus ihrer Asche einen Phönix zu erbauen. Sie nutzen ihre Chance nicht! Der Phönix stellt den Stein der Weisen dar, denn Meister Arion im Mittelpunkt seiner Abbildung der ersten Tarotkarte gemalt hat. Sogar im Märchen „Dornröschen" wird dieser Kampf um die Partnerin, der Kampf um den Roten Löwen, angedeutet, in dem der Prinz ihre Rosenranken zerhackt und ihr den Kuss der reinen Liebe auf den Mund drückt.
So, jetzt muss ich meine Stimmung ändern, denn es hat sonst zu schlimme Auswirkungen."
Ariane sprach eine Formel, machte eine Handbewegung, es kam Wind auf und die dunklen Wolken waren auf einmal verschwunden. Wir befanden uns wieder im göttlichen Garten. Und Ariane fuhr fort:
„Damit die Welt nicht in sich zusammenbricht und sich im Nichts auflöst,

müssen wir hier alchemistisch am großen Werk, am Magnus Opus, arbeiten. In der okkulten Literatur wird dies immer wieder erwähnt, aber was es genau bedeutet, das weiß keiner. Hier im Shamballa, welches die gesamte Welt symbolisch darstellt und der Ausgangspunkt jeglicher Schöpfungen ist, wird jede hier verübte Tat auf Erden sofort Wirklichkeit. Das ist nämlich der Tempel des Olymps, das Haus der Götter. Wenn einer von uns was beschließt, eine Tätigkeit ausführen will, ist sie auf Erden bereits verstofflicht, und zwar augenblicklich. Auch wenn wir Brüder über eine Sache sprechen, wird dies durch unsere schöpferische Macht, da wir immer in der Gottesverbundenheit sind, sofort zur Tat auf Erden. Jeder Gedanke verstofflicht sich! Wir müssen alles im Kopf behalten, müssen jede Sekunde in der Allgegenwart leben, um das Schicksal einzelner Menschen und ganzer Völker bewusst zu steuern. Alle Schicksale werden von den Brüdern gleichzeitig gelenkt und während einer Versammlung im Tempel verwirklicht! Dazu werden spezielle quabbalistische Formeln gesprochen. Aber folgt mir nun, und ich werde euch das anhand eines Beispieles beweisen."
Sie nahm uns an der Hand, an der rechten Hand, da diese die führende ist, und flog mit uns langsam erhebend zum Tempel des Lichtes. Diesen Anblick aus der Höhe werde ich nie mehr vergessen. Der Gold-Tempel war atemberaubend. Mehr Herz schlug vor Aufregung so schnell, dass man die einzelnen Schläge nicht mehr zählen konnte. Wir flogen hoch, über die Wolken, auch durch sie hindurch, in Richtung der goldenen Kuppel. Wir umkreisten sie, nahmen deren Ausstrahlung in Form von Verzückungen war. Doch plötzlich ging es nieder und wir standen auf dem Dach, besser gesagt vor dem Zaun, der eine Absperrung darstellte. Ich ging auf ihn zu, hielt mich fest und blickte in das unendliche Land. Ich weiß nicht mehr, wie lange ich die blauen Gipfel der Berge betrachtete. Es war eine Ewigkeit, als mich abrupt Arianes Stimme aus der Meditation riss.
„Wir müssen weiter Azon," und ich reichte ihr die Hand. Langsam und sanft folgen wie nach unten. Wir gingen durch lange große Korridore aus purem Gold, deren Ende in eine überaus große runde Halle mündete. Ägyptische Säulen ragten in die Höhe, die von goldverzierten Fenstern links und rechtes flankiert wurden. Oben waren kleine Fenster, die das Licht durchließen. Die Seiten des runden Baus gipfelten sich in der Höhe zu einem Punkt, der von palmartigen Gebilden umschlossen wurde. Schwer zu beschreiben. Alles lebte, sämtliche Aquarelle und Bilder bewegten sich und erzählten mythologische Epen aus verschiedenen uralten Epochen und längst vergangenen Zeiten. Geschichten, wovon wir hier auf Erden alles

schon längst vergessen hatten. Das Mahabharata und das Ramayana konnte man hier in Reinstform betrachten. Es war einfach genial!
„Azon, du wirst hier nicht nur kosmische Epen vorfinden, sondern auch die Geschichte der irdischen Tempel und Logen beobachten können. Dieses Bild gewährt dir Einblick in die Entstehung eines 99er Ordens in China, einem sehr materiell ausgelegten Lande. Vor vielen Jahrhunderten wurden die Stadt und der Tempel des Ordens vernichtet."
Als ich mich auf das Gemälde einstellte, war ich mit einem Ruck direkt vor dem Gebäude. Ich sah nur noch Ruinen, auf denen man aber dennoch erkennen konnte, dass es sich hierbei um einen ehemals schönen Palast handelt.
„Die gesamte Stadt war nach den Gesetzen dieses Tempels ausgerichtet und eine Loge von Schwarz-Künstlern verwaltete und beutete diese Stadt aus. Es gibt im Chinesischen so viele Legenden von derartigen mystischen Städten und schwarzmagischen Tempeln und Klöster, dass man schön Vergleiche ziehen kann. Selbst solche Tempel finden immer wieder Anlehnung in den Kung Fu Filmen der Shaw Brothers Studios. Dort werden immer wieder ihre Meister mit unheimlichen Fähigkeiten gezeigt, die nahezu unbesiegbar sind. Auch ihre Herrschaft ist tyrannisch. In den chinesischen Märchen, die immer einen wahren Kern bergen, gibt es eine Geschichte namens „Die Sekte vom weißen Lotos". Der Name ist eine bloße Irreführung, denn die 99er sind ja auch kein wahrer Freimaurer-Orden. Um Folgendes geht es in der Geschichte: Es war einmal ein Mann, der gehörte der Sekte vom weißen Lotos an. Er verstand es, durch schwarze Künste die Massen zu betören, und viele, die nach seinen Zauberkünsten begehrten, nahmen ihn zum Lehrer. Dieser hatte viele Schüler, welche seine Kunst erlernen wollten. Jedoch waren sie sehr von Neugier geplagt und machten viel Unsinn. Immer wenn sie Mist machten, redeten sie nur noch solch verlogenes Zeug! Der Schwarzkünstler geriet darüber sehr in Wut, und alle fürchteten seinen Zorn, der sich in negativer Weise immer verwirklichte. Auch im „Frabato" wird dies bestätigt! Da gerieten die niederen Brüder in große Furcht.
So trieb er schwarze Künste jeder Art, die sich gar nicht alle erzählen lassen. Im Laufe der Zeit begab es sich, dass einer der Lehrlinge mit der Lieblings-Sklavin des Zauberers, mit welcher er sexualmagische Praktiken absolvierte, verbotene Liebe pflegte. Der Meister merkte es wohl, behielt es aber bei sich und sagte gar nichts. Der Großmeister ließ seinen Logen-Bruder und Schüler in eine Falle tappen, indem er sein Bild in eine Puppe ein-

arbeitete, welcher er einen glühenden Dolch ins Herz rammte. Augenblicklich war er Tod. Er opferte ihn sozusagen seiner Dämonengottheit. Diese war äußerst zufrieden damit. Im Märchen wird das zwar anders dargestellt, aber dies ist nur eine Umschreibung der Tatsachen. Niemand erfuhr davon. Endlich kam der Vater des Schülers, um nach ihm zu fragen, weil er schon lange nicht mehr heimgekommen sei. Er wies ihn ab, indem er sprach, er sei längst nicht mehr da. Der Vater ging nach Hause zurück und erkundigte sich allenthalben nach seinem Sohn, doch konnte er nicht das Mindeste erfahren. Allein ein Mitschüler, der heimlich um die Sache wusste, teilte sie dem Vater mit. Der Vater verklagte nun den Zauberer bei dem Amtmann. Der aber fürchtete, dass der Zauberer sich unsichtbar machen und ihm schaden könne, und wagte ihn nicht zu verhaften, sondern berichtete an seinen Vorgesetzten und bat um tausend gewappnete Krieger. Die umringten nun das Haus des Zauberers. Er ward mit seiner Frau und seinem Sohn zugleich ergriffen. Man sperrte sie in hölzerne Käfige, um sie nach der Hauptstadt abzuliefern. Der Weg führte durch ein Gebirge. Mitten im Gebirge kam ein Riese, der war so groß wie ein Baum, hatte Augen wie Tassen, ein Maul wie eine Schüssel und fußlange Zähne. Die Krieger standen zitternd da und wagten es nicht, sich zu rühren. Der Zauberer sprach: „Das ist ein Berggeist. Meine Frau kann ihn in die Flucht schlagen." Man tat, wie er gesagt, und befreite die Frau von ihren Banden. Die Frau nahm einen Speer und ging ihm entgegen. Aber der Riese wurde wild und verschlang sie mit Haut und Haar. Alle gerieten daher nur noch mehr in Furcht. Der Zauberer sprach: „Hat er mir die Frau umgebracht, so muss mein Sohn dran." Nun ließ man auch den Sohn heraus. Aber auch er ward gleichermaßen verschlungen. Alle sahen ratlos zu. Der Zauberer weinte vor Zorn und sprach: „Erst hat er mir die Frau umgebracht und nun den Sohn; würde es ihm doch heimgezahlt!? Aber außer mir kann´s keiner." Und sie nahmen ihn auch aus seinem Käfig heraus, gaben ihm ein Schwert und schickten ihn vor. Der Zauberer und der Riese kämpften eine Zeit lang miteinander. Schließlich packte der Riese den Zauberer, steckte ihn in den Rachen, reckte den Hals und schluckte ihn hinunter. Dann ging er wohlgemut davon. Die Soldaten aber merkten zu spät, welchen Streich ihnen der Zauberer gespielt hatte, denn er entkam.
Man sieht, dass man als normal Sterblicher den Zauberkünsten solcher dunklen Brüder unterlegen ist. Aber schau dir diesen Tempel nun einmal selber an."
Und ich sah es. Es waren schönste Verzierungen an den Wänden zu sehen,

sowie viele Verschnörkelungen an den Dächern. Alles hatte dunkle Symbolik, wie es im Orden in Verwendung war und immer noch ist. 99 unterschiedliche Zeichen wurden in die Lehmziegel eingedrückt, welche eine Verbindung zu den dahinterstehenden Wesen herstellen sollten. Dieser Tempel war wieder in Aufbau, welcher ursprünglich von einem chinesischen Magier zerstört wurde. Der Gott der Schwarzmagier wollte es so, und er war der Herr der Erde und hatte das Sagen.

„Guck dir mal den wunderbar aussehenden Thron des Großmeisters an", und Ariane wies mich darauf hin.

„Er sieht wirklich sehr schön aus."

Er war in Schwarz-Rot-Gold gehalten, hatte traumhaft schöne Verzierungen, und stand auf einem Podest, zu dem drei Stufen führten. Über dem Thron befand sich ein Bogen mit chinesischen Schriftzeichen und Symbolen, welche eine magische Bedeutung hatten und die irdische Würde des Großmeisters ausdrückte. Links und rechts davon waren je eine weiße und schwarze Marmorsäule, welche die Herrschaft über die Materie versinnbildlichten.

„Die Stadt, in der er steht, trägt den übersetzten Namen „Unheilig", was alles Weitere schon von alleine erklärt. Dieser Tempel wird eines Tages wieder seine Belebung und 99 Brüder finden, denn jeder echte Tempel lebt und wird durch den Schöpfer desselben am Leben erhalten", fügte Ariane noch hinzu.

Ein passender Name für solch einen Ort, dachte ich mir.

„Das Interessante ist, dass diese Orden so stark im Hintergrund arbeiten, dass man sie niemals finden würde. Es gibt manch einen Geheimdienst, der illegale Geschäfte mit korrupten Staatsmännern tätigt, von denen die Regierungen keine Ahnung haben. Die beherrschen komplett den eigentlichen Staat. Unter Hitler war das ganz schlimm. Da waren sogar manche SS- uns SA-Oberhäupter von den 99ern, die sich untereinander bekämpften, denn jeder wollte noch mehr Macht haben. Auch das Pentagon (=Pentagramm) in der USA regiert im Geheimen dieses große Land. Die CIA veranlasste ja den Irak-Krieg durch gezielte Falschmeldungen über Massenvernichtungswaffen. Und das brachte manch einem Industriellen ein Vermögen ein. Wenn dann ein Politiker bestrebt ist, deren Machenschaften zu überwachen, wird er schnell mundtot gemacht, denn die Orden halten die wahre Macht in den Händen!"

Darauf konnte ich nichts erwidern. Ich war zu baff. Dennoch wollte ich mir dieselben Gedanken in Bildform noch genauer zu Gemüte führen. Und es wurde mir gewährt. Was ich nun sah, übertraf alles Erwartete: Einmal jährlich trafen sich alle 99 Großmeister in einem extra dafür – im astralen – eingerichteten Raum, den sie mit ihren magischen Spiegel erreichen konnten. Als unumschränkter Herrscher saß auf einem Thron der Gott der Templer, der das ganze Treffen leitete. Dort wurden alle relevanten irdischen Dinge besprochen, welche die Fratres für ihren Gott bewerkstelligen mussten, damit sie noch mehr Macht bekamen. Desgleichen wurde dort bereits beschlossen, wer der Todeskandidat sei für die nächste Logenziehung. Dies traf immer vollkommen ein.

„Ariane, könntest du mir einige bekannte Mitglieder zeigen, die auch ich kenne, damit ich mir ein Bild von deren Wesen machen kann."
„Ja, aber behalte die Namen für dich. Sie stehen im öffentlichen und in allen Bereichen des Lebens. Sieh", sagte sie abschließend. Und ich war am Stauen.

Ich sah einen arabischen Scheich. Der eine riesige Sammlung an teuren Sportwagen hatte und diese auch ausfuhr. Deswegen wurde er mehrmals geblitzt. Ihm war das egal, denn er zählte zu den Herren der Erde. Doch auch solche Menschen müssten den irdischen Gesetzen Tribut zollen. Er wurde vor Gericht geladen und musste eine beachtliche Summe Geldes begleichen, denn ansonsten hätte er ins Gefängnis gemusst. Das rief bei ihm einen gewaltigen Wutanfall hervor, den er sehr schwer unter Kontrolle bekam.

Ein Großmeister des Ordens war ein widerlicher fetter Kerl, mit einer Brille. Er war ein steinreicher Bankier, der alle Geschäftspartner mit seinem schleimigen Lächeln einzuwickeln verstand. Doch wurde sein Wille nicht erfüllt, dann wurde er zum Zorn in Person und der gesamte Raum, in dem er sich befand, begann zu glühen, so heiß wurde er. Jede Kleinigkeit brachte bei ihm einen Wutanfall hervor, wie man es auch vom Frater Daniel her kannte, dem Großmeister der Fraternitas Saturni.

Dann sah ich einen alten Mann, so um die Mitte 60. Er hatte nach hinten gekämmtes Haar, eine Hakennase und einen bösen, durchdringenden Blick. Bei ihm saß sein Logenbruder, und wollte sich schon in seinen Thron setzen. „Wenn du das machst, dann vernichte ich dich. Das ist mein Sitz, der gehört mir alleine," fuhr er seinen „Bruder" an. Dieser zuckte vor begreiflicher Angst zurück, und verneigte sich ehrfürchtig. Vor lauter Wut stieß er mit dem Fuß auf einen im Boden eingearbeiteten Totenschädel, einem Dämonensymbol, der ihm diente, seine Wutanfälle unter Kontrolle zu bekommen. Man sah von diesem Kopf nur das Oberteil durch den Boden schim-

mern. Ein unheimlicher Anblick.
Szenenwechsel: Auch dieser Meister war steinreich. Er hatte einen Chauffeur, der ihn in seinem Rolls Royce chauffierte. Es war eine alte wunderschöne Edel-Karosse. Sein Haus war eine Prachtvilla, mit einem riesigen Logensaal, an dessen Wände Bilder und erledigte Tierköpfe hingen. Ein langer Tisch war in dessen Mitte, an dem sich 99 Stuhle befanden. Als ein Neuling diesen Saal betrat, war er sehr zuvorkommend, sehr höflich und lud ihn ein, Platz zu nehmen. Er klärte ihn über Magie auf, weihte ihn in die Mysterien des Ordens ein. Plötzlich kamen ältere Frauen, so um die 60, herein. Aber alle, und das möchte ich betonen, waren sehr erotisch, schlank, sahen sehr gut aus, und übten auf den jungen Frater eine Anziehung aus, die er noch nie erlebte. Er fühlte sich dadurch mütterlich geborgen. Es war für ihn, als ob er zu Hause wäre.
Wieder änderte sich das Bild. Ein neuer „Film" wurde abgespielt, der mich wirklich zu tiefst schockte. Es war ein bekannter Finanzier, der im Geschäftsbereich tätig war. Außerdem hatte er immer junge Frauen, mit denen er schlief. Er stand ziemlich weit oben, hatte das Sagen, und er war für die Gelder der Loge zuständig. Doch auch magisch wollte er weiter kommen. Er versuchte in astrale Ebenen Eintritt zu erlangen, in die Himmelsphären, doch die Hüterin der Schwelle ließ nur Reine in ihr Reich. Ihr Anblick stieß den Frater unsanft in den Körper zurück. Als er wieder in seinem Körper erwachte, hatte er starke Kopfschmerzen. Doch als sie sich legten, bekam er solch eine Wut, dass er seinen Gott, der es ihm nicht ermöglichen konnte, über die Schwelle in die Sphären einzutreten, anfing zu verfluchen und konnte damit nicht aufhören. Er schimpfte auf ihn ein, bis plötzlich eine Stimme ertönte, die ihm sagte: „Ich bin dein Herr und Meister und nur ich habe das Sagen. Du wirst für deinen Frevel bald bezahlen." Das Geschimpfte stockte, er bekam es mit der Angst zu tun und als er nicht mehr an die warnenden Worte seines Dämonengottes dachte, wurden seine illegalen Geschäfte aufgedeckt und er musste sich aus dem Geschäftsleben vollständig zurückziehen. Noch dazu bekam er von seiner Gottheit einen Schlag ins Gesicht, dessen Schmerz ihn immer an seinen Fehler erinnern sollte!
„Wau", konnte ich nur sagen. „Dass der ein Mitglied eines 99er Orden ist, hätte ich nie für möglich gehalten."
„Du kannst dir gar vorstellen, wie widerlich eklig er in Wahrheit ist. Er muss immer recht haben, er will alles besitzen, und wenn er es nicht bekommt, dann ist der Ofen bei ihm aus. Er vergisst sich dann vollkommen

und wird total niederträchtig und mies. Sein Motto ist: Hass kennt keine Grenzen. Hass ist stärker als Liebe. Liebe ist Feuer. Hass ist Kälte. Hass tötet. Dieser Frater kennt keine Angst, er fürchtet die Hölle nicht! Denn er fühlt sich wie der Herr der Welt!
Aber das Nächste wird dich am meisten schocken. Selbst in einem westlichen Land gibt es eine Politikerfamilie, die seit Generationen in der Politik mitmischt. Sie hatten schon hohe politische Ämter dieses Landes und haben Millionen mit Krieg und Ölgeschäften verdient. Sie waren auch bei einem Auffangorden für Reiche Mitglied, dem „Skull and Bones", welcher ein Ableger der Illuminaten (FOGC) ist, dessen Rituale aus dem Mithras-Kult entlehnt worden sind. Die Illuminaten wollten im 18. Jahrhundert die Herrschaft in Deutschland übernehmen. Dies konnte jedoch verhindert werden. Daraufhin sind sie nach Amerika ausgewandert, um dort die Regierung zu bilden. Folgende Familien sind offiziell beim „Skull and Bones" Mitglied gewesen, von denen einige Wenige, als geistig fähig befunden, sich magisch zu schulen, in den Reihen der 99er aufgenommen wurden: Rockefeller, Rothschild, Bush, Harriman, Lord, Bundy, Phelps, Taft und Whitney. Ferner Senatoren, Kongressabgeordnete, Richter am obersten US-Bundesgericht, Mitglieder des Kabinetts und viele CIA-Angehörige. Der Einfluss manch einer dieser Familien war so groß, dass sie durch Betrügereien verhindern konnten, dass ein Familienmitglied in den Krieg eingezogen wurde, ein anderer wurde bei einer Eliteuniversität aufgenommen. Alle bekamen hervorragende Jobs, wo sie Millionen verdienen konnten. In materieller Hinsicht ging es ihnen richtig gut. Dies verdanken sie einem „Onkel", der im Hintergrund die Fäden zog, weil er selbst einen Meistergrad bei einer der zahlreichem FOGC Logen innehatte. Der einzige, der darüber aus dieser großen Familie Bescheid weiß, ist sein leiblicher Bruder. Und dieser schweigt wie ein Grab, denn sonst ..."
„Man kann bei all diesen Menschen kaum einen Hinweis finden, dass sie mit Magie etwas zu tun haben. Sie arbeiten alle im Hintergrund und nur ein wahrer Hellseher kann darin Einblick bekommen. Interessant ist es, dass nach der Krise diese Orden mehr in die Öffentlichkeit treten werden. Zwar unter einem Deckmantel, sie geben niemals zu, dass es 99er sind, aber ihre Existenz wird nicht mehr geheim gehalten," schloss Ariane diese Schau ab.
Ich war aufs Höchste erstaunt!
„Hab vielen Dank, Ariane, für deine aufschlussreichen Informationen", und ich wollte schon weiter fragen, aber ein Kopfschütteln sagte was anderes. Ich musste weiter und folgte Ariane. Wir gingen eine gewundene Treppe

aus weiß-silbernen Marmor hinunter und kamen in einem riesigen Saal. Er war ungefähr so groß wie ein Fußballfeld. Einfach riesig! In Mitten dieses Saales stand eine gigantische Statue des Gottes Shiva in Form des Nata-Raja, des Königs des Tanzes, wodurch er ganze Kosmen erschuf. Er stand auf einem zwei Meter hohen Podest. Sein Tanz hatte tantrischen Ursprung und eine Form davon sind die in Vergessenheit geratenen Runen-Tänze. Ich musste vor dieser atemberaubenden Statue stehen bleiben und sie mir genauer ansehen. Plötzlich zuckte ich zurück.

„Sie lebt!", rief ich erschrocken. „Sie hat sich bewegt!"

„Ja, Azon", antwortete Ariane, „hier lebt alles. Hier ist alles lebendig und schöpferischer. Passt auf, was nun gleich passiert."

Und was ich nun sah, war das Schönste überhaupt, was ich jemals wahrgenommen hatte und werde. Etwas Beeindruckenderes gab es nicht. Die Statue, der Shiva, begann sich zu bewegen, immer rhythmischer. Anfangs langsam, dann immer schneller drehte er sich. Seine Bewegungen waren absolut harmonisch und seine Arme bewegten sich dazu im selben Takt, um eine totale ausgewogene Übereinstimmung zwischen den Füßen – dem Erdreich – und den Händen – den vier elementaren Schöpfungen zu erzielen. Mit der Trommel gab er den Takt an, mit den anderen Händen machte er dazu die nötigen rituell-tantristischen Gesten, die sogenannten Mudras. Es kamen Töne reinster Harmonie aus seinem Munde, welche sogleich umgewandelt wurden in verschiedene schöpferische Gebilde, die sich auf unsren Planeten als die reinsten Kräfte der Mutter Erde sich auswirken müssen. Und dann sprach Shiva: „Alles, was offenbar ist, ist Kraft als Geist, als Leben und als Stoff. Der Kraft ist inbegriffen ein Krafthalter. Es gibt keinen Krafthalter ohne Kraft, es gibt auch keine Kraft ohne Krafthalter. Der Krafthalter bin ich, der große Gott. Die Kraft ist Shakti, die große Weltenmutter. Ich ohne Sie, Sie ohne Ich, Shiva ohne Shakti, Shakti ohne Shiva gibt es nicht. Sowie wir zwei in uns selbst sind, sind wir eines. Wir sind jedes Sein, jeder Geist und jede Wonne. Diese drei Begriffe – Sein, Geist und Wonne – hat man gewählt, um das letzthin Wirkliche zu bezeichnen, weil Dasein oder Sein als ein von den speziellen Daseinsformen Abgetrenntes nicht denkbar ist. Sein wieder heißt Bewusstsein, und vollkommenes bewusstes Innesein ist schließlich der Geist, und das unbegrenzt ungebundene Sein ist Wonne. Diese drei Begriffe bezeichnen also die allerletzte schöpferische Wirklichkeit, wie sie als solche existiert. Durch Anknüpfen an die Begriffe Name und Form, d. h. an den Stoff, kommen wir zum begrenzten Begriff seiend-geistig-selig, das ist das Vierte, das Universum.

Was würde wohl aus der Kraft, wenn es kein Universum gäbe? Sie wäre dann eben eine in-sich-selbst-ruhende und dem Wandel sich widersetzende Seinskraft. In der Evolution, in der Entfaltung, gilt sie als die antreibende Kraft für das Werden und die Wandlung, und in ihrer Manifestation als Formen zeigt sie sich als die in den Stoff sich auswirkende Ursache für die Veränderung, zeigt sie sich in Form der Welten. Das Werden, die Wandlung und Veränderung ist nicht gleich Gott, denn es ist ja eine durch die Form begrenzte Funktion. Ich aber bin das Formlose, Unbegrenzte. Doch das innerste Wesen, der Urgrund dieser Formen ist unbegrenzte Kraft, die einem unbegrenzten Krafthalter entspricht. So biete ich die Kraft auf, ich erschaffe das Universum.

Der Ruhe ist inbegriffen eine Wirkkraft, und die Wirkkraft enthält implizite Ruhe. Jede Tätigkeit hat einen statischen Hintergrund. Ich, Shiva, repräsentiere den statischen, elektrischen Aspekt, Shakti, meine Gemahlin, den kinetischen (magnetischen) Aspekt des Einen Wirklichen. Wir beide sind, wenn wir in uns selbst sind, eines. Alles ist das Reale, das Unveränderliche wie das Veränderliche. Die Maya gilt in diesem System nicht als Illusion, sondern repräsentiert in kurzen lapidaren Worten „die Form des Formlosen". Die Welt ist ihre Form, und darum sind diese Formen Wirklichkeit.

Der Mensch ist also, was sein innerstes Wesen anbetrifft, statischer Krafthalter, ist Shiva, reines Bewusstsein; als Seele und Körper ist er die Manifestation der Kraft Shivas, ist er Shakti, die große Weltenmutter. Der Mensch ist somit das Ebenbild von Shiva-Shakti. So, wie er vor uns steht, ist er ein Sinnbild für die göttliche Kraft. Das Endziel der hermetischen Übung, des Götter-Kultes und des vierblättrigen Yogas, besteht nun darin, diese Kraft vollendet darzustellen, und dieses Ziel gipfelt sinngemäß in der unbegrenzten Erfahrung des Samadhi. Durch diese Verbindung tauscht der Mensch sein begrenztes erdgebundenes Erleben ein gegen das unbegrenzte Universum, gegen die vollendete leidlos-kosmische Wonne.

Der universelle Geist ist unbegrenzt (zeitlos) und formlos (raumlos). Seele und Stoff dagegen sind begrenzt und geformt. Atma, das wahre Selbst, ist unwandelbar und ruhend, ist inaktiv. Seine Kraft ist tätig, sie wechselt und wandelt sich, im Seelen- und Stoffsystem. Reines Bewusstsein wird durch die Zahl Vier gekennzeichnet. Der Stoff als Solcher ist unbewusst. Und nach dem Vedanta gilt sogar die Seele als unbewusst. Denn alles was nicht zum bewussten Ich zählt, ist unbewusstes Subjekt. Das will nicht heißen, dass es in sich selbst unbewusst ist. Im Gegenteil: Alles ist wesenhafte Bewusstheit, es ist nur deshalb unbewusst, weil es ein Subjekt für das bewusste Selbst, den Geist, ist. Die Seele begrenzt nämlich das Bewusstsein als Körper, damit der Mensch begrenzte Erfahrung zu sammeln vermag. Eine Seele ohne bewussten Hintergrund existiert nicht, auch wenn das höchste erhabenste Bewusstsein ohne Seele ist. Wo es keine Seele gibt, dort herrscht Unbegrenztheit, das reine Sein. Das in dem einem Aspekt unwandelbar verharrende Bewusstsein verändert sich in seinem anderen Aspekt als eine in Seele und Körper sich offenbarende Wirkkraft. Der Mensch ist also reine Bewusstheit, die von ihrem Kraftprodukt – Astral- und Stoffkörper – getragen wird.

In der Theologie bin ich, Shiva, dieses reine Bewusstsein und meine Kraft, die, sofern sie als formloses Selbst existiert, ist mit mir verschmolzen und sie repräsentiert die große Devi, die Mutter des Universums, und als die im menschlichen Körper gegenwärtige Lebenskraft hat sie ihren Wohnsitz im untersten Zentrum am Grunde der Wirbelsäule, im Muladhara, dem Erdchakra, während ich, Shiva, in das höchste Zentrum, außerhalb des Kopfes gedacht werde. Der vollendete Yoga ist der im Körper des Schülers vollzogene Ausgleich von Ihr und Mir, von Shakti und Shiva. Der vollendete Yoga ist Laya, die Verbindung zur vierpoligen Gottheit, er ist die Rückführung zu mir, zu Shiva.

Einige verehren nun vorwiegend die männliche, die rechte Seite der gemeinsam verschmolzenen männlich-weiblichen Figur. Andere wieder, die Shaktas, verehren mehr die linke Seite und nennen sie „Mutter", denn sie ist die Große Mutter, die Maha-Devi, die das ihrem Mutterleib entstammende Universum austrägt, gebiert und ernährt. Ich, der Vater, bin bloß eine Hilfe für die Mutter. Auch die ganze Fülle der fünf Elemente entquillt dem aktiven Bewusstsein, stammt aus der Shakti und ist ihre Manifestation. Darum verehren die Menschen die Weltenmutter, denn niemand ist so zärtlich wie sie. Darum begrüßen sie ihre gnädig lächelnde Schönheit als rosige Tripurasundari, die Mutter der drei Welten, die Quelle des Universums; begrüßen ihre Ehrfurcht einflößende Erhabenheit als Kali, die den Kosmos wieder in sich zurückzieht. Wir beschäftigen uns hier mit einem Yoga, der das Gleichgewicht des Mutter-Vater-Aspektes vergegenwärtigt und sich in einer Bewusstseinsschicht abspielt, die man als das Absolute bezeichnet. Denn Shiva ohne Shakti, resp. Shakti ohne Shiva, gibt es nicht. Sie voneinander zu trennen, ist ebenso unmöglich, als wollte man dem regungslosen Ätherhimmel den in ihm sich bewegenden Windhauch nehmen. In dem einzig-einen Shiva-Shakti spielt sich eine Vermählung ab. Doch die Wenigsten sehen das so und wandeln ihren Astralkörper in ein doppelpoliges We-

sen um, in mein eigenes Sein. Wie wollen sie mich jemals erkennen, wenn ihr Wesen nur einseitig ist?
Wie das Atom beispielsweise außer seinem statischen Zentrum noch diesen Ruhepol umkreisende Wirkkräfte besitzt, so hat auch der Mensch, in seinem Körper ein vierblättriges Kraftzentrum, nämlich die im „Erdchakra" existente schöpferische Kundalini, die Imaginationskraft des Yogi, welche als die elektromagnetischen Körperkräfte in Erscheinung tritt. Die Schöpferkräfte sind der unbewegte Kraftspeicher für alle diese Wirksamkeiten. Wenn sich der ausgeglichene Yogi mit meinen göttlichen Aspekten verbindet und sich nach oben begibt, zieht er sich mit diesen in sich aufgenommenen Eigenschaften meiner Gemahlin zurück und vereinigt sich anschließend im Sahasrara-Lotos mit mir, Shiva. Die nach oben gerichtete Rückverbindung, die wahre Ur-Religion, die Evolution, ist die Umkehr der davor geschehen Involution, der Verstofflichung, der Schaffung der begrenzten Materie. Von Zeit zu Zeit werden nämlich die geschaffenen Welten für alle Lebewesen zunichtegemacht, um daraus wieder neue entstehen zu lassen. Deshalb tanze ich den ewigen Rhythmus des Sein, Werden und Vergehen."
Ich konnte diese vollkommene Rede mit meinem kleinen Bewusstsein nicht fassen. Diese Gottheit verkörperte das reinste Wissen gepaart mit erhabener Weisheit. Wahrlich göttlich!
„Nun beginnt mit eurer tantrischen Arbeit, meine lieben Brüder," sprach Shiva in einem Tonfall, den ich kaum zu beschreiben wagte. Das war gebieterische barmherzig eines allmächtigen Gottes, ja des Schöpfers unseres Sonnensystems. Nur so konnte ich das ausdrücken.
„Das ist unser Stichwort. Kommt, lasst uns anfangen," sagten die Brüder des Olymps.
Ariane führte uns zu einem Tisch, an dem 24 Stühle waren.
„3 x 24 ist 72," sagte sie zur Erklärung, was ich aber nicht verstand. „Das steht mit der Quabbalah im Zusammenhang."
Dort nahmen noch andere Blaue Mönche platz, und ich sah, dass sie alle sehr freundlich waren und durchaus zuvorkommend, nett und hilfsbereit. Ich sah keine Überheblichkeit, nur Güte und Barmherzigkeit, vermischt mit unbeugsamen Willen.
„Hallo Aluna, hallo Azon," begrüßten sie uns und wir konnten nur stumm nicken. Es war einfach zu umwerfend, hier sein zu dürfen.
„Ihr könnt jetzt zusehen, wie wir Brüder des Lichts unsere Arbeit verrichten, wenn der große Gott uns dazu auffordert. Wir zeichnen hier auf das Pa-

pyrus verschiedene Symbole, die wir anschließend quabbalistisch laden. Aluna, könntest du diese Siegel abmalen?"
„Ja, gerne," antworte meine Frau.
Sie sollte das Shri Yantra in verschiedenen Farben abbilden. Es gelang ihr ganz gut. Dann gab sie es einem Mönch, welcher eine magische Formel darüber sprach und augenblicklich begann das Siegel zu leben. Es sprühte fast vor lauter Kraft, welche durch den Magier gestaut wurde. Mit einer weiteren Geste fuhr er darüber und schleuderte es fort, rein ins Akasha, damit sich die Kraft verwirklichen konnte. Ein leises Donnern bestätige die Wirkung der Arbeit des Tantrikers.
„Wir müssen all diese tantrischen Arbeiten vollbringen, damit die Menschheit erweckt wird und sich radikal ändert. Sie steuert in eine komplett falsche Richtung. Der islamische Staat will einen totalitären Staat errichten, der nur mit einseitiger und falsch verstandener Gewalt die Menschen regiert. Die USA versuchen das gleiche, indem sie ihre angeblich so reine Demokratie jedem Volk aufzwingen wollen, welches für eine solche Regierungsform gar nicht geeignet ist. Amerika will sich den ganzen Planeten untertan machen, obwohl China mehr Macht, mehr Menschen hat, und schon zu einem ernst zu nehmenden Konkurrenten aufgestiegen ist, die sich von der USA nichts mehr sagen lässt. Aber pleite sind sie alle, die Länder. Aber darüber wird hinweggesehen. Die EU lässt Millionen von Flüchtlingen ins Land, welche Milliarden von Euros verbrauchen, und dies, obwohl die Gemeinschaft schon kein Geld mehr hat. Das führt die EU zum Bankrott, anstatt dass sie sich um die eigenen Bürger kümmert und ihren Wohlstand sichert. Es gibt so viele Deutsche, die gerne Arbeiten würden, denen man aber nicht hilft. Dann kommen noch die Attentate in Paris, die die Metropole wachrütteln hätte sollen. Aber was macht der Präsident. Er führt Krieg, der aussichtslos ist und Milliarden verschlingt, anstatt den Schmutz vor der eigenen Tür wegzukehren. Jeder Politiker will sich durch irgendwelche großspurigen Taten einen Namen machen. Aber sein Name hallt nicht einmal in der Ewigkeit wieder. Die Bandenbildung wird sich noch viel mehr verstärken, die Kriminalität wird erschreckend zunehmen. Die Polizei wird mehr zu Waffe greifen müssen. Banden überfallen wehrlose Bürger, wovor mit der Zeit selbst die Gesetzeshüter Angst bekommen werden. Aber das muss alles so sein, damit die Menschen ihre Einstellung ändern. Sie haften alle viel zu tief und egoistisch im Sumpf der Materie. Aber das ist noch nicht das Ende. Erst wenn der Knall kommt, geht's richtig los. Wenn die Weltwirtschaft zusammenbricht, fängt die Menschheit an zu den-

ken," erklärte uns der Mönch mit dem asiatischen Aussehen.
Als er seine aufhellenden Belehrungen beendet hatte, führte uns Ariane weiter im Tempel und zeigte uns verschiedene Räume, wo die Mönche ihre Arbeiten verrichteten. Wir sahen kleinere Gruppen von Schülern, welche von fortgeschrittenen Hermetikern unterrichtet wurden.
„Wenn ihr eines Tages die irdische Ebene verlässt und hier ankommt, dann wird dies eure Aufgabe sein, den Schülern der Hermetik bei ihren Übungen hilfreich unter die Arme zu greifen. Das ist nämlich genau das, was sehr viele Neophyten benötigen. Ihr seid dann mit Rat und Tat immer an deren Seite und stellt somit einen persönlichen Guru für unsere jungen Chelas dar."
„Also, mit so etwas hätte ich nie und nimmer gerechnet," sagte ich, „aber ehrlich gesagt, habe ich mir solche eine Aufgabe schon immer gewünscht. Das entspricht genau meinem Wesen."
Auch Aluna war darüber überglücklich, denn sie war eine barmherzige Seele, die jedem helfen wollte, auch wenn es manchmal gar nicht möglich schien.
„So, wir sind angekommen!", sagte Ariane überraschend. Ich blickte mich um. Ein Traum wurde wahr.
„Ich bin im Paradies", gab ich von mir, und Ariane musste lachen.
„Ja, das glaube ich dir. Das ist schon immer dein Traum gewesen. Eine königliche okkulte Bibliothek."
„Wau", konnte ich nur von mir geben. „Einfach unglaublich. Sagenhaft!"
Ich musste erst, bevor ich mich in die Bücher warf, umblicken und mich am intellektuellen Hochgenuss ergötzen. Mit meinen Augen zog ich förmlich jedes Buch nackt aus und betrachtete es mit einem inneren Gaumenkitzel. Mindestens 5-7 Meter hohe Wände, 100e Meter lang, in schönsten Barock gehalten, mit Statuen und jede Menge entsprechender Symbole und passende Zeichen versehen. Ich sah eine wunderschöne Eule, dem Sinnbild der Weisheit, als Hüterin über diese Bücherschätze. Am liebsten wollte ich weinen vor lauter Freude.
Nun machte ich mich näher mit den Büchern bekannt. Da war alles, was es jemals auf Erden gegeben hatte. Alle Bücher aus verfallenen Klöstern, Logen und Orden, untergegangenen Kulturen und religiösen Ländern. Es gab dort reichlich alchemistische Schriften mit unzähligen aussagekräftigen Zeichnungen und jede Menge Grimoiren der verschiedensten Nationen und Sprachen, die eine Menge Siegelzeichen aufwiesen und sogar Abbildungen von Engeln und Dämonen enthielten. Ich sah sogar Schriftrollen aus der Bi-

bliothek in Alexandria, die angeblich alle verbrannt wurden. Nur stimmte das nicht. Die Lichtbrüder hatten sie alle aufbewahrt, um sie der Nachwelt eines Tages wieder zu übergeben. Wenn die Zeit reif ist, dann werden alle Schriften wieder veröffentlicht, worum sich die entsprechenden Vorsteher kümmern. Ein paar Meter weiter sah ich einen Mönch am Restaurieren von alten chinesischen Büchern, die gerade hereingekommen waren.
„Wir bessern die verfallene Schrift aus und stabilisieren sie mit einer Schutzschicht, sodass sie uns lange erhalten bleiben."
„Ah, ich verstehe."
Ich wollte mir schon eines der Bücher von Hermes Trismegistos aus dem Regal holen, von denen es 100e gab. Aber ...
„Azon," rief plötzlich Anufri, den ich in meinem Taumel ganz vergessen hatte.
„Ich habe dir eine der seltenen Audienzen bei dem Ur-Schöpfer der Blauen Mönch besorgt."
„Was, bei Urgaya?"
„Richtig! Komm, lass uns gehen, denn er hat nicht viel Zeit, wenn ich das mal so sagen darf."
Anufri führte mich in das Zimmer von Mahum Tha-Ta, dem Ur-Initiator, der von anderen als Adonis bezeichnet wurde. Ich musste dazu durch den Raum mit 22 Säulen gehen, die alle nur so funkelten und sich bewegten, so als ob sie mir Weisheiten zuflüstern wollten. Aber ich musste weiter. Am Ende des unendlich langen Saales gelangte ich an einem Raum, der aus violetten Licht bestand. Dort saß er im Buddhasitz, unbeweglich. Seine unergründlichen schwarzen Augen blickten zu Boden.
„Stell mir deine Frage", tönte es dröhnend mir entgegen. „Eine Frage brennt dir im Herzen!"
Wiederum fragte ich: „Wäre es nicht viel besser gewesen, wenn Gott den Menschen und alle Geschöpfe vollkommen gemacht hätte? Dann hätte der Mensch weder sündigen können, noch wäre infolge der Sünde so viel Kummer und Leid in die Welt gekommen; denn jetzt haben wir in einer Schöpfung, die der Eitelkeit unterworfen ist, alle Arten von Leid zu erdulden."
Der Ur-Hüter antwortete: „Gott hat den Menschen nicht wie eine Maschine gemacht, die automatisch arbeiten sollte; auch hat er sein Schicksal nicht bestimmt, wie das der Sterne und Planeten, die aus ihrer festgesetzten Bahn nicht abweichen können, sondern er hat den Menschen zu Seinem Bild und Gleichnis geschaffen mit freiem Willen, mit Verstand, mit Entscheidungsvermögen und mit der Fähigkeit, unabhängig zu handeln, so dass er höher

ist als alle anderen geschaffenen Dinge. Wäre der Mensch nicht mit freiem Willen geschaffen, so wäre er nicht fähig, Gottes Gegenwart oder die Freuden des Himmels zu genießen; denn er gliche dann der bloßen Maschine, die sich ohne Wissen und Fühlen bewegt, oder den Sternen, die ohne Bewusstsein den unendlichen Raum durcheilen. Aber da der Mensch einen freien Willen besitzt, stellt er durch die Beschaffenheit seiner Natur das Gegenteil von dieser Art seelenloser Vollkommenheit dar – eine solche Vollkommenheit wäre ja in Wirklichkeit nur Unvollkommenheit, denn ein solcher Mensch wäre ein bloßer Sklave gewesen, dessen, tatsächliche Vollkommenheit ihn zu bestimmten Handlungen gezwungen und bei denen er keine Freude hätte empfinden können, da er ja keine Wahl gehabt hätte. Es bestünde dann für ihn kein Unterschied zwischen einem Gott und einem Stein.

Der Mensch, und mit ihm die ganze Schöpfung, ist der Eitelkeit unterworfen, doch nicht für immer. Durch seinen Ungehorsam hat der Mensch sich und alle anderen Geschöpfe in die Übel und Leiden dieses Zustandes der Eitelkeit gebracht. Nur in diesem geistigen Kampfe können seine geistigen Kräfte sich voll entfalten, und nur in diesem Kampfe kann er die Lektion lernen, die zu seiner Vervollkommnung nötig ist. Wenn darum der Mensch zuletzt die Vollkommenheit des Himmels erreicht, wird er Gott danken für die Kämpfe und Leiden der gegenwärtigen Welt; denn dann wird er es ganz verstehen, dass denen, die Gott lieben, alle Dinge zum Besten dienen."

Eine kleine Pause setzte in seiner Rede ein.

„Hier im Raum des unergründlichen Akashas wirst du Dinge wahrnehmen, die dein Bewusstsein bei Weitem übersteigen", sagte Führer der blauen Mönche. „Blick mir nicht in die Augen, das wäre dein Tod. Denn in ihnen ist das gesamte Universum enthalten und das könnte selbst der best geschulteste Bruder des Lichtes nicht ertragen."

„Das ganze Universum", stammelte ich nur vor mir so hin. Ich hielt meinen Blick gesenkt, den mein Schutzgeist riet mir das Gleiche. Es war ja bekannt, dass man Mahum nicht in die Augen schauen sollte, wenn man an seinem Leben hing. Das tat ich. Dafür betrachtete ich seinen Körper. Jetzt verstand ich, warum man den Körper des Adonis als makellos bezeichnete und ihn als Idealbild eines Mannes nahm. So etwas Ebenmäßiges, Tadelloses und absolut ausgeglichen Muskulöses habe ich noch nie sehen dürfen. Ein wahrer kosmischer Traum von einem Mann. Aber mein Blick ging in Richtung Kopf, ich wollte auch sein Gesicht sehen, zumindest nur einen Schimmer davon. Ich wusste ja, dass er so aussah wie auf dem Akashafoto

von Arion.
„Aber lebend muss er doch anders aussehen? Nein, ich darf nicht, seine Augen!"
„Es wird dir nichts geschehen, wenn du es richtig machst. Darauf achte ich schon", erwiderte er mein Bedenken.
Ich erhob langsam und vorsichtig meinen Blick und sah mir zumindest die Umrisse seines Gesichtes an, ohne in seine Pupillen zu blicken. Aus seinen dunkelschwarzen Augen leuchtete es wie das Licht von Akasha. Selbst sein langes ebenholzartiges Haar strahlte wie das geheimnisvolle „Dunkel". Diese Haarpracht sah ich mir näher an, ja ich fixierte sie und verschwand in ihnen. Alles war dunkel um mich, jedoch nicht so, als hätte ich Angst, alleine zu sein, denn die Dunkelheit machte einem Licht platz, das wahrlich nicht übertroffen werden konnte. Es mit Worten zu beschreiben, ist ein Ding der Unmöglichkeit. Als es sich lichtete, befand ich mich in dem goldgeschmückten Tempel mit überlebensgroßen Buddhastatuen. Alle waren in den vier Elementefarben mit ihren entsprechenden Gesten, ihrer rituellen Kleidung, Schmuck und analogen Gegenständen, wie man es auf dem Bild der vierten Tarotkarte des Meisters sah. Alle strahlten, alle lebten. Sie saßen in ihrem Asana auf einer goldenen Lotusblüte, dem Symbol der Reinheit. Das Merkwürdige war, dass sie sich belebten und je länger ich sie ansah, desto mehr Leben kam in ihre Glieder.
Plötzlich ertönte Mahums Stimme aus dem Nichts: „Das Wort Devachan wurde bis jetzt immer falsch verstanden. Es wurde für den Himmel benutzt, bedeutet aber wörtlich übersetzt das „Land der Götter". Der Himmel ist gleichzusetzen mit der Mentalebene bzw. mit dem Nirvana. Ersteres ist eine höchst schöpferische Ebene, in der nur hohe Magier in vollkommener Gottesverbundenheit ununterbrochen schöpferisch arbeiten und die Worte der Macht sprechen. Aber genug der Erklärungen – wollen wir Taten folgen lassen."
Er nahm mich bei der Hand und plötzlich waren wir dort, wo ich vor lauter Licht nichts mehr sah. Dieses Licht war unbeschreiblich. Durchzogen wurde es von roten, blauen, grünen und braunen mit Gold behafteten Strömen, die in mir eine sofortige makrokosmische Gottesverbundenheit auslösten, in der ich augenblicklich schöpferisch wirksam wurde. Dieses Licht war die verkörperte Gottheit in ihrer Unendlichkeit. Aus Unvollkommenen machte sie alles vollkommen. Aus Hades wurde Metatron. Aus einem Menschen wurde ein Gott! Ich war eins mit meiner Gottheit – ich war der universelle Gott! Der Schlafende musste erwachen! Ich war erwacht zu einem Gefühl

unaussprechlicher Freude, unermesslicher Seligkeit und eines Friedens, der alles Verstehen übersteigt. Sanfte Melodien umwoben mich, zartestes Farbenspiel grüßte meine Augen, selbst die Luft schien Musik, Farbe und reinstes unendliches Empfinden zu sein; mein ganzes Wesen war von Licht übergossen, in Harmonien eingehüllt. Dann tauchte aus dem goldenen Nebel mein geliebtes Antlitz der Gottheit hervor, vergeistigt zu einer Schönheit, die seine edelsten und liebenswertesten Regungen zum Ausdrucke brachte, nicht mehr entstellt durch die Kümmernisse und Leidenschaften der niederen Welten. Wer vermöchte die Wonne dieses Erwachens, die Herrlichkeit dieses ersten Aufdämmerns der Himmelswelt zu schildern?

Ein strahlender Sternenbogen war über seinem Haupte, sein Antlitz glich der universellen Sonne und seine Füße den Feuersäulen. Wie das Rauschen vieler Gewässer war seine Stimme, einem Echo der Sphärenmusik gleich. Er leitete die Ordnung der Natur und herrschte über die ungezählten Scharen der Vorsteher der Astralwelt, sodass deren Kohorten unausgesetzt die Naturvorgänge mit unabänderlicher Regelmäßigkeit und Genauigkeit ausführten.

Hier traf ich die vier lebenden Buddhas oder die vier Erzengel in ihrer unaussprechlichen schöpferischen Form. Sie umringten mich, den Fünften. Eingeweihte, die sich auf das göttliche Prinzip in der Astralwelt einstellen, erschien dieses Lichtprinzip als ein gleißendes Sonnenlicht oder direkt als Sonne, vorausgesetzt, dass sie auf der grobstofflichen Welt in der Lage waren, das Göttliche im Licht zu sehen, und ihre Gottheit nicht konkretisierten oder in eine bestimmte Form kleideten. Ich verband mich mit ihm und wurde Metatron. Und nun geschah das Unerwartete, was ich niemals für möglich hielt. Die Vier begangen quabbalistisch zu Singen, in einer Weise, wie ich es nicht beschreiben konnte. Das war ein Farbenspiel der Gefühle, das selbst die Reinheit übertraf. Ich war nicht mehr Azon, ich war die schöpferische Gottheit namens Metatron, der die Namen trägt:

Der König der Engel,
der Engel der Verheißung,
der Engel des Gesichtes,
der Engel der Gegenwart,
das Haupt von den betreuenden Engeln,
der Haupt Aufnahme-Engel,
der Kanzler von Himmel,
der Engel, durch den die Welt beibehalten wird.

Sein Name wird mit „beim Thron" übersetzt. Daher heißt es, dass er dem

Thron Gottes – Akasha – am Nächsten sei. So wird er auch der König aller Wesen genannt. Auch gilt er als wichtiges Bindeglied zwischen den Menschen und Gott (Akasha). Des Weiteren soll er für den Erhalt und das Wohlbefinden der Menschheit zuständig sein. Er kennt alle Taten der Menschen, die im Buch des Lebens – in der Akasha-Chronik – stehen. Er hat 10 x 36 Flügel, welche zahllose feurige Augen haben. Seine Wimpern sind Blitze, seine Knochen bestehen aus Glut und sein Fleisch aus Feuer.
Ich, Metatron, war am quabbalistischen Schöpfen eines neuen Kosmos beteiligt. Ich war der Erschaffer neuer Gesetze der Vierpoligkeit. Nach dem Ende dieses schönsten aller Lieder, wobei ich sämtliche 10 quabbalistische Schlüssel gesungen habe, wurde ich eins mit dem All, ich wurde zum All. Ich war Alles in Allem. Ich war AKASHA!
Dann, plötzlich, wurde ich wach. Mein Wecker klingelte.
„O, mein Gott! Was war das für ein Erlebnis!", kam mir der Gedanke in den Sinn.
Ich lag in meinem Bett, zugedeckt, bekam kaum meine Augen auf. Aluna lag neben mir. Tausende von Gedanken schwirrten in meinem Kopf herum. Noch mehr Fragen tauchten auf. Ich konnte es nicht fassen. Es war unbeschreiblich. Doch nun, und das ist ein Schock, aber da musste ich durch, hatte mich die materielle Welt gerufen und forderte ihren Tribut. Ich lag immer noch ganz steif im Bett. Ich wollte nicht aufstehen. Ich spürte immer noch die Schwingung der erhabenen Gottheit in mir. Diese war so berauschend, so belebend, wie man sie hier auf Erden unmöglich kennen konnte.
„Ich muss aufstehen. Ich muss zur Arbeit. Ich muss!"
Ich zog mein Federbett weg, stand auf, taumelnd, noch erst am Verarbeiten des eben Geschehenen, ging ich in Richtung Küche, ließ den Kaffee durchlaufen, duschte mich und nach dem ich mich angezogen hatte, verließ ich das Haus.

Die materielle Welt hat mich wieder!

## Nachschlagewerke:

Dante – Die göttliche Komödie
Bardon – Der Weg zum wahren Adepten
Bardon – Die Praxis der magischen Evokation
Bardon – Der Schlüssel zur wahren Quabbalah
Bardon – Fragen an Meister Arion (Originalfassung)
Seila Orienta – Das Leben und die Erfahrungen eines wahren Hermetikers
Seila Orienta – Eine Adonistische Geschichte
Swedenborg – Himmel und Hölle
Hohenstätten – Auf der Suche nach Meister Arion
Hohenstätten – Der Tod, der Übergang und die Astralebene
Hohenstätten – Shamballa, der goldene Tempel des Lichtes
Hohenstätten – Eine Sammlung der besten und lehrreichsten
 Beschwörungsgeschichten
Leadbeater – Die Lehre des Wachstums
A. Besant – Uralte Weisheit
Bulwer-Lytton – Zanoni
A. Kardec – Himmel und Hölle
A. Kardec – Das Buch der Geister
S. Singh – Gesichte aus der jenseitigen Welt
Lomer – Asgard
Regardie – Das magische System des Golden Dawn
Naville – Das ägyptische Totenbuch
Kolpaktchy – Ägyptisches Totenbuch

**Weitere Bücher aus dem Christof Uiberreiter Verlag:**

**Das goldene Blatt der Weisheit**
Seila Orienta/Franz Bardon

Zum ersten Mal in der okkulten Literatur wird die 4. Tarotkarte des Hermes Trismegistos verständlich beschrieben und offengelegt. Sie beinhaltet unbekannte Konzentrations- und Meditationsübungen. Des Weiteren gibt sie Hinweise und erklärt die Unterschiede zwischen Magie und Mystik und Gefahren des einseitigen Weges. Am Ende steht die Verbindung mit der universellen Gottheit, dem Herrn der Sonnensphäre, welcher quabbalistisch „Metatron" genannt wird.

\*

**5. Tarotkarte – Mysterien des Steins der Weisen**
Seila Orienta/Franz Bardon

Dieses Buch stellt die Vorderseite der Alchemie dar, die die einzelnen praktischen Übungsschritte erklärt, ohne die verschlüsselten Mystifikationen der alten Alchemisten auch nur annähernd zu erwähnen, wie man es aus den anderen Büchern des Franz Bardon kennt. Es wird erklärt, dass ohne vollkommene Beherrschung der 4 Elemente keine Alchemie möglich ist. Des Weiteren wird mit den einzelnen Ebenen, mit den Matrizen, dem elektromagnetischen Fluid usw. gearbeitet. Doch den Hauptpunkt stellen die göttlichen Eigenschaften wie z. B. die Allmacht dar, mit denen der Göttliche Stein der Weisen durch gewisse Übungen geladen wird.

\*

**Talismanologie und Mantramkunde**
Seila Orienta/Franz Bardon

Zum ersten Mal werden hier (magisch) geladene Mantrams – Gebetssätze – preisgegeben, welche bei nötiger Reife, Ausgeglichenheit und Reinheit durchdringende Erfolge versprechen. Mantrams sind ja nach Bardon nicht irgendwelche „Suggestionssätze", sondern sie sind Ideenausdrücke, mit denen man mit Mächten, Kräften, Eigenschaften, also Gottheiten, in Verbindung kommen kann. Gleichzeitig werden die dazugehörigen Siegelzeichen der göttlichen Ideen preisgegeben, welche im rituellen Zusammenhang mit den Mantrams stehen. Ein Buch, das nicht nur die Hermetiker, sondern auch die Anhänger der Yogawissenschaften inspirieren wird!

*

**Eine Sammlung der schönsten und lehrreichsten Beschwörungsgeschichten**
Hohenstätten

Dieses Buch ist einzigartig, denn es zeigt den zweiten Band von Franz Bardon an Hand von interessanten Evokationsberichten, die genau das bestätigen, was Bardon in seinem Buch geschrieben hat, und noch darüber hinaus. Es werden sensationelle Erlebnisse geschildert, die man sonst niemals findet. Auch aus unveröffentlichten Schriften wird zitiert.

*

**Verkörperungen des Meister Arion**
Hohenstätten

Man wird beim Lesen dieses Buches nicht glauben, wie viele bekannte und unbekannte Inkarnationen Franz Bardon hatte. Die paar, die im „Frabato" bekannt gegeben wurden, stellen nur einen geringen Teil seiner Verkörperungen dar. Wir mussten, da es dermaßen wenig Literatur über die Verkörperungen gab, wieder Hunderte und Aberhunderte von Büchern, Aufsätzen, Zeitschriften und Artikeln durcharbeiten, bis wir genügend Material für dieses Buch hatten. Aber der Leser wird sich beim Lesen sicherlich über unsere Arbeit freuen, denn sie wird ihn in Erstaunen versetzen!

*

**Shamballa, der goldene Tempel des Lichts**
Hohenstätten

Dieser Tempel dürfte jeden Leser von Bardons Roman „Frabato" fasziniert haben. Dass es aber in der okkulten Literatur noch viel mehr Informationen darüber gibt, die man aber nur findet, wenn man alles Veröffentlichte gelesen hat, dürfte dem einen oder anderen unbekannt sein. Es wurden wieder ganze Stöße von Büchern durchgesehen und das Ergebnis wird hier veröffentlicht. Es wird aber gleichzeitig darauf hingewiesen, wie viel Schundliteratur es darüber gibt, wie viel Lügen im Umlauf sind, damit sich der Schüler der Hermetik ein klares Bild machen kann. Wir bringen in diesem Buch alles, was wir an Material darüber gefunden haben, und es wird auch noch einiges aus der eigenen Erfahrung, was das Wertvollste ist, mitgeteilt. Nicht nur über den Tempel wird berichtet, sondern auch über die damit verbundene „Bruderschaft des Lichts", deren Sitz er darstellt.

*

## Auf der Suche nach Meister Arion
Hohenstätten

Diese Autobiographie eines Schülers der Hermetik des Franz Bardon schildert sein magisches Leben, in welchem zahlreiche Erfahrungen zu den Übungen aus dem Adepten geschildert werden, die die Hauptperson selbst erlebt hat. Es wird der schwere Weg des Adepten aus autobiographischer Sicht gezeigt, seine vielen Tiefschläge, aber auch seine glanzvollen Seiten und Zeiten. Der harte Kampf mit dem Seelenspiegel wird bis in alle Einzelheiten aufgezeigt, genauso wie die vielen anderen Wege, in welche der Autor reinschnupperte, um dadurch reichlich Erfahrung sammeln zu können. Darüber hinaus enthält es unzählige Erfahrungen und Berichte betreffs Mantramistik nach Bardon, die wahre Runenmagie, zahlreiche Evokationen sowie Invokationen mit seinem Lehrer Anion, einen magischen Exorzismus, wie er bisher noch nie öffentlich geschildert wurde. Mentalreisen, Beeinflussungen, Übungen zur Gottverbundenheit, Erscheinungen, Alchemie, Heilungen mit den verschiedensten magischen Methoden z. B. Quabbalah oder durch die Elemente, Schutzgeistevokationen und viele andere magische „Wunder" seines Freundes und Lehrers Anion. Auch einige magische Fotos in Farbe, ein bisher von Bardon unveröffentlichtes Akashafoto von Christus und ein Bild des schwebenden Meister Arion werden in diesem Buch preisgegeben. Der Inhalt ist viel reichlicher, als hier kurz beschrieben werden kann.

*

## Magisches Gleichgewicht
Hohenstätten

Dieses Buch zeigt eindeutig, dass in allen anderen Systemen das „Gleichgewicht" genauso gebraucht wird, wie bei Bardons Werken. Er war nicht der Einzige, der das erwähnte, aber er war der erste, der es deutlich erklärte, denn die anderen Systeme sprachen nur durch das Symbol, welches nicht jedem Leser verständlich war. Obendrein bringen wir noch Unveröffentlichtes vom Meister Arion zu dieser Grundlage der magischen Entwicklung.

*

## Das Leben und die Erfahrungen eines wahren Hermetikers

## Seila Orienta

Diese Autobiographie eines Magiers ist unübertroffen, denn bis jetzt hat kein einziger okkult Geschulter so offen und ehrlich gesprochen wie Seila Orienta. Er gibt in diesem Werk sein Leben bekannt, sowie seine zahlreichen und äußerst interessanten Erlebnisse und Erfahrungen. Es werden auch zum ersten Mal Fotos von Wesen der Sphären gezeigt, welche Franz Bardon höchstpersönlich in den 1920ern gemacht hat. Des Weiteren schreibt Seila Orienta über die Sphären, über Dämonen, Logenkontakte und vieles, vieles mehr, was einem ehrlich strebenden Hermetiker das Herz übergehen lassen wird.

*
## Das Leben des Franz Bardon
Hohenstätten

Dieses Buch beschreibt das Leben des Meisters außerhalb des Frabatos, welches seine Sekretärin – Otti V. – geschrieben hat. Es beinhaltet Erklärungen zu seiner „Biografie", weitere Einzelheiten über den Kampf mit der FOGC, seine Beziehung zu Wilhelm Quintscher und anderen Okkultisten, was alles bisher unbekannt war! Des Weiteren werden viele Erlebnisse seiner Schüler in Prag erzählt, verschiedene magische Leistungen und interessante Geschichten Bardons beschrieben, die bis dato unveröffentlicht sind. Es werden auch seine drei Lehrwerke und deren Wirkung auf die Öffentlichkeit von einem anderen, unbekannten Standpunkt geschildert, welcher durch bisher schwer zugängliche Schriften unterstützt wird. Als Krönung wird seine aus dem Tschechischen übersetzte „Runenschrift" zum ersten Mal veröffentlicht. Auch einige Seiten aus anderen unveröffentlichten Schriften von ihm sowie interessante Fotos des Meister Bardon und seiner Freunde werden hier preisgegeben und vieles, vieles mehr.

*
## In Verbindung mit der Gottheit
Hohenstätten

Über das Thema der Gottverbundenheit mit all seinen Formen und Methoden wurde bis heute noch nie ein Buch verfasst, geschweige denn eine Schrift geschrieben. Man findet in der okkulten wie in der östlichen Literatur nur spärliche Hinweise, die größtenteils verschlüsselt sind oder so geschrieben wurden, dass man sie kaum versteht. Im Gegensatz dazu wird in diesem Buch offen dargelegt, dass das 1. kleine Arkanum der 78 Tarotkarten die Gottverbundenheit in ihrer Reinform darstellt.

\*

**Hermetische Heilmethoden**
Hohenstätten

Dieses Buch stellt in der okkulten Literatur ein absolutes Unikum dar, denn über die Gesamtheit der okkulten Heilmethoden wurde bis jetzt noch NIE etwas Sinnvolles geschrieben. Es werden alle Heilmethoden erwähnt, die der hermetische Schüler mithilfe seiner bisher erlangten Konzentrationsfähigkeit ausüben und verwenden kann.

\*

**Erste hermetische Zeitschrift**

„Der hermetische Bund teilt mit" ist eine der wenigen magisch-mystischen Zeitschriften, welche sich soweit als möglich auf die universelle Lehre von Franz Bardon bezieht. Sie versucht sich an die Gesetze des 4-poligen Magneten zu halten und vermittelt Wissen sowie Hinweise für die Praxis, damit der Leser die Möglichkeit hat, sie in seinen hermetischen Weg aufzunehmen und für sich gewinnbringend zu verarbeiten.

Noch viel mehr hermetische Literatur finden Sie auf unserer Website: http://www.hermetischer-bund.com.

Viel Vergnügen beim Stöbern!

Der Verlag